KB176620

좋은 삶은 좋은 제도 속에 있다

김용재

좋은 삶은 좋은 제도 속에 있다

김용재

행복우물

책 쓰는 일이 기성작가들이나 전문가들, 교수들, 혹은 유명인들에게만 주어지는 특권이 아니라 일반인들도 쓸 수 있는 시대가 된 것은 개인에게도, 사회 전체로 보아도 정말 다행스러운 일이다. 누구라도 자신의 생각을 글로 담아 시장에 낸다는 것은 그냥 단순히 책을 낸다는 것 그 이상의 의미가 있다. 개인도 지식인이나 전문가 집단의 영역에 도전하고, 가능성은 거의 없지만 일부 언더독들의 반란이 출판계를 뒤흔드는 일도 일어나기 때문이다.

류대성 작가의 《읽기의 미래》에는 이런 구절이 나온다.

"책을 중심으로 지식의 생태계가 달라지고 있다. 소수 지식인, 전문가, 작가의 시대가 저물었다. 독자가 곧 작가다. 책 출판여부가 전문가와 비전문가를 가르고 작가와 독자를 구별하는

5

시대는 끝났다. 매체와 미디어의 활용 여부에 따라 형태는 다르지만 다양한 방식으로 누구나 작가가 될 수 있다."

이와 같이 실제로 시중에는 글쓰기 관련 서적들이 널려 있는데 그 수가 너무 많아 발에 치일 정도이다. 누구나 글을 쓰고 책을 낸다고는 하지만 그럼에도 글을 쓰면서 끝까지 따라붙는 불편한 마음이 있다. '내가 과연 가능할까?' 같은 생각과 '도대체 누가 읽는다고 책을 내나?'라는 생각, 그리고 '어느 출판사가 평범한 직장에 다니는 일반인의 책을 내줄까?' 하는 생각 등등. 책쓰기, 글쓰기 책들을 보면 책을 내라는 말만 하지 그 책을 내어줄 출판사가 없다는 사실은 말하지 않는다.

나도 처음부터 책을 쓰자고 했다면 쓰지 못했거나 더 힘들었을 것이다. 책 읽는 삶을 살아오면서 글 쓰는 것도 좋아했는데, 글 쓰는 것을 좋아하는 것과 글을 써서 출판하는 것과는 또 다른 영역이다. 출판을 하려면 상품의 가치가 있어야 하는데 내 글이 과연 상품으로서 제대로 된 역할을 할지 내내 고민했다. 그런데 어느 날, '아… 글을 보완하고, 다듬고, 분량을 좀 늘리면, 이 정도면 나도 에세이 하나 내도 괜찮을 것 같은데…'라는 생각이 들었다.
하지만 단순히 그런 마음이 든다고 책을 낼 수는 없을 것이다. 책을 쓰는 과정에서 계속해서 자기검증을 거쳐야만 한다. 앞서 말했듯 이 책이 과연 상품의 가치가 있는지, 다른 사람들이 읽을 만한지, 공감할 수 있는지, 무언가 생각해 볼 만한 가치가 있는지 등등을 두고 많은 고민을 했다. 그리고 스스로 부끄럽지 않은, 솔직한 글을 쓰자고 마음먹었다.

박하루의 《나도 책 한 권 쓰고 싶은데》라는 책에는 이런 표현이 나온다.

"당신은 여전히 못 쓰고 있는데 누군가는 계속해서 일상을 책에 담아내는 놀이를 즐기며 산다면 나 홀로 책을 쓰고 싶은 마음만 붙들고 있기에는 무색하게 흐르는 세월이 너무 아깝지 않은가."

은유의 《글쓰기의 최전선》에도 이런 표현이 나온다.

"글 쓰는 일이 작가나 전문가에게 주어지는 소수의 권력이 아니라, 자기 삶을 돌아보고 사람답게 살려는 사람이 선택하는 최소한의 권리이길 바란다."

나 역시도 '내가 무슨 책을…'이라는 생각이 들 때마다 그런 글들을 보면서 힘을 냈지만 글감을 모으고 자료를 취합하고 글로 만들어내는 과정은 쉽지 않았다. 글쓰기나 책 쓰기 책들을 읽어보면 대단한 삶을 살아야 책을 내는 것이 아니다. 오히려 그 반대이다. 그래서 평범한 일상에 주목해야 한다. 우리가 보내는 아무렇지도 않은 그 지루하고 특별한 것 없는 일상 속에 글감이 존재한다. 글을 쓸만한 특별한 날을 기대한다면 어쩌면 평생 못 쓸지도 모른다.

이 책은 우리가 살아가면서 겪는 모든 일들이 우리 자신의 것만이 아니라 우리를 둘러싼 주변 환경과 국가가 제공하는 제도와 시스템 속에서 결정된다는 이야기이다. 에세이이기 때문에 개인 이야기 등 여러 가지 이야기가 섞여 있지만 사회적인 메시지도 담고 있어 뭔가 사유할 만한 가치가 있다고 생각한다.

오래전부터 서점가를 휩쓸고 있는 위로 관련 서적들을 보면 조금은 불편한 마음도 있긴 하다. 근본적인 문제를 생각하기보다 마음이 다치지 않도록 일단 '괜찮다'라는 인식부터 가지는 경우가 많은 듯하다. 나는 요즘 흔히 하는 위로의 말 '너의 잘못이 아니야'와 같은 말을 개인적으로 좋아하지 않는다. 98년작 영화 〈굿 윌 헌팅〉의 명대사이기도 한 이 유명한 말은 뒤늦게 우리나라에서 위로의 말로 널리 쓰이기 시작했다. 그렇지만 그 위로가 정말 사람들에게 도움이 되는지 의심스럽기도 하다. 우리는 무언가 문제가 생기면 이 문제가 어떻게 생겼는지, 어떻게 연관되었는지, 어느 정도 중하고, 또 그것을 어떻게 해결해야 하는지부터 생각해야 한다. "너의 잘못이 아니야"라는 표현을 무턱대고 아무 상황에서나 사용하면 책임을 회피하게 되고 성찰하는 삶과는 거리가 멀어질 수 있다.

나는 나의 이야기가 다른 많은 사람들도 공감할 수 있는 내용이라 생각한다. 하지만 개인보다는 국가의 구조적인 것들, 시스템 같은 거시적인 이야기들, 이를테면 경제성장, 자본주의, 기본소득, 노동문제, 불평등 등과 같은 이야기도 일부 있다 보니 읽는 독자에 따라 정치적으로 해석을 하다 보면 '자신과 맞지 않을 수도 있지 않을까' 하는 생각도 든다. 사실 삶을 다루는 사회적 문제는 어쩔 수 없이 정치적인 것들과 관련될 수밖에 없다고 생각한다. 나는 우리 사회가 강자보다는 약자를, 부자보다는 빈자를 소중히 여기고, 성장에 치중하기보다는 복지에 중심을 두는 사회가 되었으면 한다.

1935년 루즈벨트 대통령은 두 번째 대통령 취임연설에서 이렇게 말했다. "우리 사회가 얼마나 진보했는지는 많이 가진 사람들이 더 풍요로워졌는지 여부가 아니라, 적게 가진 사람들에게 우리가 충분한 도움을 제공을 했는지에 달려 있습니다."

이 말은 지금의 시대에 더더욱 중요해졌다. 1 대 99를 넘어, 0.01 대 99.99의 사회가 되어 버린 지금, 이상하게도 그 격차는 더욱 벌어진다. 공교롭게도 이 말은 미국에서 가장 심각하게 나타나는 현상이다. 물론 우리나라도 점점 더 심해지기는 마찬가지다.

3부. 인간에게 일은 무엇인가?

4부. 영웅은 혼자서 되지 않는다.

5부. 자본은 인간을 어떻게 길들였나

*

인간에게

행복이 있기는 한 걸까?

* 험난한 행복의 길

행복은 한 조각의 꿈이며, 고통만이 실재이다.

– 프랑스 작가, 철학자 볼테르

행복론에 대해 보통 사람들은 "행복은 마음먹기에 달려 있다"거나, "행복에 돈은 중요하지 않다"거나 "지금 이 순간이 중요하다"고 말한다. 또한 그런 사고가 행복론에 큰 부분을 차지하고 있다. 특히 "행복은 마음먹기에 달려 있다"는 말은 행복론에 있어 거의 마법의 주문처럼 되어 버렸다. 사실 이 말은 어느 정도 맞는 부분도 있긴 하지만 맹신하게 되면 자신이 처한 상황과 환경은 거들떠보지도 않고 무조건 자신의 마음에만 의존하게 된다는 위험성이 있다. 다시 말해 정작 모두가 행복에 관심있어 하고 행복을 꿈꾸면서 아무도 행복이 뭔지 제대로 알려고 하지 않는다는 말이다.

사람들은 여전히 자신의 행복이 자신에게 달려 있다는 절대적 믿음을 가지고 있다. 앞서 말한 바와 같이 어느 정도 그런 부분이 작용하는 경우도 분명히 있기는 하다. "우리를 변화시키는 것은 상황의 변화가 아니라 그것을 바라보는 우리의 시각이다"와 같은 말은 똑같은 상황도 어떤 식으로 바라보느냐, 어떻게 해석하느냐에 따라 우리의 태도가 달라진다는 훌륭한 말이기도 하다. 이것을 부정할 수는 없다. 자신이 처한 상황을 바꾸는 것이 어렵다면 그 상황을 보는 시각과 관점을 바꾸는 것이 훌륭한 처방이다.

　그 유명한 '스토아 철학' 같은 사상도 위의 글의 기본바탕이 된다. 스토아 철학은 대중들에게 가장 친근하고 쉽게 일상의 문제들을 해결한다는 데 있어 훌륭한 삶의 지침이다. 하지만 행복론에 있어 가장 중요한 사실은 행복은 자신에게 달려 있다기보다는 사회적 환경이 절대적이라는 것이다.

　물론 여기에 대해 반론이 있을 수는 있다. 독일의 경제학자인 요하임 바이만은 자신의 책《당신이 행복하지 않은 이유》에서 "인간의 행복은 정치적 사건보다는 자신이 구축한 주변 환경에 의해 더 크게 좌우된다"고 했다. 맞는 말이다. 이런 것들을 부정하며 살 수는 없다. 그리고 행복은 자신의 처한 상황과, 기질과 성향에 따라 다르게 해석하기 때문에 100명이 있으면 100명 모두 다른 행복관을 가질 수 있다. 그래서 행복은 주관적 개념이라는 말이 널리 퍼졌다. 나 역시도 이 개념을 무시하자는 것이 아니다.

좋은 삶은 좋은 제도 속에 있다

나는 주관적 개념과 개인의 환경 역시 중요하지만, 궁극적으로는 사회의 구조적인 시스템이나 정책, 환경이 절대적이라 생각한다. 사회심리학자인 김태형은《가짜 행복 권하는 사회》에서 이렇게 말했다.

"행복의 개인차를 연구하면 사회적 행복, 집단적 행복은 배제되기 마련이다. 행복의 집단 간 차이를 다루다 보면 필연적으로 어떤 사회제도가 사람을 행복하게 만들어 주는가, 어떤 사회에서 살아갈 때 사람은 행복해질 수 있는가 등을 논하게 된다. 그리고 그 자연스러운 귀결로 사람을 불행하게 만드는 사회에 대해서는 비판의 칼날을 들이대게 된다."

어떤 사회에서, 어떤 제도와 어떤 시스템을 받고 살아가느냐에 따라 우리의 삶도 달라진다. 그러니까 행복은 주관적인 개념이 아니라 객관적인 조건의 힘이 더욱 강력하다는 것이다. 실제로 사람의 행복을 좌우하는 데는 몇 가지 조건이 있다. 쉽게 말해 객관적 조건이 존재한다는 것이다. 지난 수십 년 동안의 축적된 데이터가 나타내는 결과는 거의 똑같거나 큰 틀에서 벗어나지 않는다. 기관마다 정도의 차이는 있지만 대동소이하다.

영국 경제학자 리처드 레이어드는 행복에 큰 영향을 미치는 일명 '빅세븐'을 이렇게 제시했다. 가족관계, 재정상황, 일, 공동체와 교우관계, 건강, 개인의 자유도, 개인의 가치관이 그것이다. 미국의 일반사회조사에서도 행복에 영향을 주는 5대 요인을 가족관계, 재정상태, 일, 공동체와 친구, 건강으로 꼽았다. 미국 갤럽에서는 150개 국가의 1,500명을 대상으로 설문조사를 실시해 행복에 꼭 필요한 다섯가지 영역을 직업에서 얻는 행복(즐거운 일), 사회적 행복(인간관계), 경제적 행복(재정상태), 육체적 행복(건강), 공동체적 행복(사회참여)로 꼽았다.

그렇다면 이 중에서 마음먹어 가능한 것이 어디에 있는가. 마음먹어 가능하다는 것을 폄훼하려는 것이 아니다. 앞서 언급한 김태형 박사의 저서에도 "어떤 사건이나 상황을 긍정적으로 사고하고 해석하는 것이 정신건강이나 행복에 어느 정도 도움이 되는 건 사실이다"라고 했지만, "그러나 주관적 심리를 바꿈으로써 더 행복해지는 데에는 명백한 한계가 있다"고도 했다.

위의 조건들은 때로는 개인의 일처럼 보이지만 결국은 사회와 직간접적으로 연결되어 있다. 심지어 개인의 가치관도 자신의 고유한 선택처럼 보이지만 이 역시 자신이 살고 있는 환경이나 시스템에 의해 정해진다. 세계에서 가장 행복한 나라인 덴마크나 핀란드, 노르웨이, 아이슬란드와 같은 북유럽 국가에서 살고 있는 사람들과 우리나라에서 살고 있는 사람들의 가치관이 같을 리가 없다. 공동체와 교우관계 역시 마찬가지이다. 인간은 사회적 존재인지라 타인 없이는 살아갈 수 없다. 게다가 동양권의 나라들은 집단문화를 중시한다. 이런 문화에서는 개인보다 공동체를 더욱 중요하게 생각하고, 공동체가 가지는 기준이나 가치가 자신의 준거 기준이 된다. 물론 집난주의나 개인주의 모두 장단점이 있다. 특히 집단에서 주는 가치는 행복과 직결되기도 하지만 불행과 직결되기도 한다.

이 모든 것이 개인에게 달려 있다고 생각하니 인생이 쉬울 리가 없다. 게다가 이 모든 것이 뜻대로 안 되면 책임을 온전히 자신에게 돌린다. "내가 부족해서… 내가 잘못해서… 내 탓이지"와 같은 말들이다. 그런 말들을 하기 전에 내 탓인지, 남의 탓인지, 구조적 문제인지부터 확인해야 한다.

가족관계를 보자. 우리는 가족이 화목하다는 것이 우리의 의지만으로 가능하다고 생각한다. 하지만 자본주의 사회에서 가족의 행불행을 결정하는 큰 요인 중 하나는 안타깝게도 돈이다. 그야말로 안타깝다. 어떤 사람은 "나는 돈이 없어도 행복해!"라고 말할 수 있을지도 모른다. 돈이 많다고 행복한 것은 아니지만 돈이 없으면 불행해지는 건 분명한 사실이다. 즉 돈 걱정이 없으면 더 행복해지는 것은 사실이라는 말이다. 물론 돈 문제는 예외가 있다. 어느 정도 소득수준까지는 돈이 행복 만족도를 끌어올리지만 그 이상이 되면 별 의미가 없다. 조사에 의하면 그 기준이 7만 달러 정도인 것으로 나타난다. 이는 국가 역시 마찬가지이다. 가난한 나라에서의 경제발전, 말하자면 부의 상승은 국민들의 행복도를 빠르게 끌어올린다. 하지만 부자나라에서 부의 상승은 국민들의 행복에 큰 효과가 없다.

중앙대 마강래 교수가 쓴 《지위경쟁사회》에는 이와 관련하여 좋은 표현이 나온다.

"기본적인 물질적 욕구를 충족시키기까지 행복은 빠른 속도로 증가한다. 하지만 기본적인 것을 충족시킨 다음에는, 더 많은 물질을 취한다고 해서 더 행복감이 증진되는 것은 아니다. 어느 정도의 물질이 확보된 상태에서는 사회적 영역이 더욱 중요하다. 주변 지역의 공동체는 어떠한지, 다른 사람들과 따뜻한 관계 맺음을 하고 있는지, 가족과 많은 시간을 보내고 있는지, 충분한 휴식을 취하고 있는지, 직장생활은 안정적인지 등이다. 하지만 많은 사람들은 이러한 학자들의 견해와는 정반대로 행동하고 있다. 사람들은 더 많은 물질적 풍요가 행복감의 원천이라고 생각한다. 그래서 행복해지기 위해 더 많이 소비하려고 경쟁하지만, 결과는 계속 부풀어지는 욕망으로 귀결될 뿐이다."

정말이지 사람들은 다들 약속이나 한 것처럼 반대로 행동한다. 이런 이야기를 들어도 그때뿐이다. 그러니 수십 년이 아니라 수백 년이 지나도 사람들은 변하지 않는 것이다. 다시 말하지만 돈은 분명 중요하다. 돈은 행복의 기본 조건이다. 그렇기 때문에 "행복에 돈이 중요한 것이 아니다"라는 말은 반은 맞고 반은 틀린 말이다.

직업은 어떤가? 직업을 선택하는 것은 개인의 자유처럼 보이지만 그렇지 않다. 우리나라 사람들은 어릴 때부터 좋은 학교, 좋은 직장을 삶의 성공 기준으로 삼으며 성장한다. 직업의 선택을 자신이 한다고 생각하겠지만 우리는 사회가 강요하는 시스템에 맞춰 직업을 선택할 뿐이다. 어렸을 적부터 우리는 의식, 무의식적으로 직업에 대한 고정관념이 생긴다. 고도성장 시기였던 80년대에는 대졸자들이 회사를 골라갈 수 있었고, 심지어는 이력서를 넣기만 해도 회사를 다닐 수 있었다.

지금은 어떤가? 단군 이래 최대의 스펙을 가진 세대라고 하지만 취직은커녕 회사를 다니고 있다는 사실만이라도 다행인 시대가 됐다. 그러니 자신이 원하는 직업을 선택한다는 것은 거의 불가능하게 되었다. 그저 먹고 살기 위해 일을 할 뿐이다. 갤럽의 조사 결과에 따르면 직업에서 얻는 만족도는 앞에서 언급했던 행복의 다섯 가지 영역 가운데 가장 중요하다고 한다.

재정 상황과 건강 역시 마찬가지다. 재정 상황은 직업과 직접적으로 연결되어 있고, 건강 역시 직업과 살아가는 환경에 직간접적으로 연결되어 있다. 가난한 사람들이 병에 더욱 쉽게 노출되어 있다는 말 역시 지겹도록 듣는 말이다.

이렇듯 어느 하나 개인적인 것이 없다. 거의 모든 우리의 삶이 국가가 제공하는 제도와 시스템에서 결정된다. 그런데도 왜 우리는 행복문제에 있어 개인의 책임을 강조하는 것일까? 무조건적인 사회 탓도 좋지 않지만 무조건적인 자신 탓도 경계해야 한다.

그저 맛있는 거나 먹으러 다니고, 좋은 곳으로 여행이나 가는 것이 행복이 아니다. 2010년 이후 하나의 문화가 되어버린 소확행이나 비슷한 부류인 욜로, 휘게, 카르페디엠 등과 같은 단어들이 나라를 휩쓰는 동안 우리는 진정한 행복이 무엇인지 잊어버렸다. 그저 순간의 즐거움만을 추구할 뿐이다. 살아가면서 이런 것들도 분명히 필요하긴 하지만 거기에 인생을 올인하면 안된다.

* 인간의 삶에 고통은
기본조건이다.

고통은 인간 조건의 보편상수다.
그러므로 고통으로부터 멀어지고 모든 해악으로부터
자신을 보호하려는 시도는 역효과를 낳을 뿐이다.
고통을 제거하려고 노력하면, 고통이 줄어드는 게 아니라
오히려 고통에 대한 민감성이 증가할 뿐이다.

– 마크 맨슨 《희망 버리기 기술》

행복은 개인이 아니라 사회적인 조건에 달려 있다는 말은 공허하고 허무한 이야기이다. 왜냐하면 실제로 우리가 할 수 있는 것이 거의 없기 때문이다. 그렇다면 우리는 손 놓고 있어야만 하는가? 소확행이 답이 아니라고 소확행을 포기해야 하는가? 아

니다. 소확행은 좋은 일상을 보내는 데 없어서는 안된다. 소소한 기쁨이야말로 우리가 누릴 수 있는 가장 손쉬운 방법이다. 그리고 그런 일상이 삶이 되고 인생이 된다.

마광수 교수는 《행복철학》에서 "행복은 무모한 정신력에 의해 찾아오는 것이 아니다. 행복은 느긋한 체념으로부터 온다"고 했다. 정말 살다 보면 이 말이 무슨 말인지 깨닫게 된다.

강준만 교수 역시 《평온의 기술》에서 "서열화된 경쟁체제를 내면화해 열심히 싸우는 사람의 평온은 오직 승리를 했을 때에만 가능한 것인데, 그렇게 위태롭고 아슬아슬한 평온을 진정한 의미의 평온이라고 할 수는 없다… 나는 자주 체념을 함으로써 마음의 평온을 찾는다"고 말했다.

다시 말하지만 소확행을 추구하는 것이 나쁘지는 않지만 그것은 행복의 진짜 모습이 아니다. 행복은 일시적인 감정이 아니라 삶 전체를 놓고 봤을 때 얼마나 충만하고 만족한지를 나타내는 것이다. 따라서 살아가면서 경험하는 괴로움, 고통, 외로움, 고독 등과 같이 부정적으로 생각되는 그런 것들을 자연스럽게 받아들여야 한다.

앞서 소개한 마크 맨슨의 《희망 버리기 기술》이라는 책에는 이러한 사항을 두고 '보편상수'라는 표현을 썼는데 정말 좋은 표현이라 생각한다. 쉽게 말해 '기본조건' 정도로 생각하면 되겠다. 마크 맨슨은 고통에 대해 이렇게 말했다.

"인간의 고통은 두더지 잡기 게임과 비슷하다. 힌 종류의 고통을 때려눕힐 때마다 또 다른 고통이 튀어나온다. 그리고 빠르게 칠수록 더 빠르게 튀어나온다. 고통은 나아질 수도 있고, 형태를 바꿀 수도 있으며, 덜 비극적일 수도 있다. 하지만 언제나 존재한다. 고통은 우리의 일부다. 고통이 곧 우리다."

기쁨이 우리 인생에 없어서는 안되는 것처럼 고통 역시 그런 식으로 받아들여야 한다. 아니면 내가 좋아하는 삶의 방식이기도 한 '방어적 비관주의'가 되는 것이다. 방어적 비관주의는 잘 안되었을 때를 대비해 미리 심리적, 정신적 준비를 해둔다는 뜻이다. 이것이야말로 비관을 위한 긍정 아니겠는가.

행복도 그렇지 않은가? 행복은 국가마다 사람마다 다른 형태의 모습을 띠고 있지만 불행이나 고통은 그렇지 않다. 행복처럼 사람에 따라 온도 차가 있지도 않고, 성향이나 기질, 환경, 상황에 따라 다르게 평가하지도 않는다. 불행이 무엇인지, 고통이 무엇인지는 누구라도 쉽게 알거나 공감할 수 있다. 행복을 추구하기가 힘들다면 우리는 불행이나 고통을 줄이는데 집중하는 것이 더 나을 것이다. 불행과 고통은 모호하지 않고, 정확하고, 이해하기 쉽고 간결하다. 《행복의 함정》을 쓴 리처드 레이어드는 다른 학자들의 말을 인용하여 "인간은 행복보다는 불행의 원인을 이해하고 불행을 잘 다루는 것을 목표로 삼아야 한다"고 했다. 이렇듯 고통을 없애는 것이 곧 행복을 추구하는 것이나 다름없다. 왜냐하면 나쁜 것이 좋은 것보다 더 강력하고 영향력이 세기 때문이다.

살아가면서 중요한 선택을 할 때도 이와 비슷하게 적용할 수 있다. 좋은 결과를 얻는 것이 인생에서 중요하겠지만 그보다 가장 나쁜 결과를 피하는 것도 좋은 방향일 수 있다. 최선도 중요하지만 그보다 차선을 선택하는 것도 중요하고, 최악을 피해 차악을 선택하는 것 역시도 좋은 선택이라 할 수 있다.

앞서 언급한 마광수 교수는 "인생에 별 기대를 걸지 말아야 웬만큼 행복해질 수 있다"고 했지만 사실 살면서 그게 어디 쉬운 일인가. 특히 젊었을 때는 더욱 그렇다. 그리고 행복은 이미 자본에 포섭된 지 오래다. 자본주의 사회에서 행복은 주로 소비에 집중되어 있다. 무언가를 먹고, 사고, 즐기는 일들이 모두 행복 안에 들어가 있다. 연애 시장은 말할 것도 없다.

《내가 연애를 못하는 건 아무리 생각해도 인문학 탓이야》라는 책에서는 "오늘날의 연애는 상대의 환심을 얻고 고백하고 관계를 이어나가는 모든 과정은 시장에 포섭되어 있다. 업자들은 연애가 돈이 된다는 걸 안다"라고 했다. 삶은 더욱더 힘들어지고, 질 좋은 직장을 잡기는 하늘의 별 따기가 된 세상에 모든 것이 시장에 포섭되어 있으니 어떤 삶을 선택해도 힘들기는 마찬가지이다. 행복에 대한 자세도 마찬가지다. "난 행복해질 거야" 또는 "행복해지는 것이 내 목표야"라는 기대는 행복에 대한 실망만 남길 뿐이다. 행복에 대한 기대를 저버리라는 말보다는 유연한 자세로 삶을 대하는 것이 더 낫지 않을까 생각한다.

좋은 삶은 좋은 제도 속에 있다

우리 사회는 행복해질 수 있는 여건이 잘 마련되어 있지 않다는 사실 또한 지적하지 않을 수 없다. 복지도 OECD 국가 중 거의 최하위로 OECD 평균 수치에 한참을 못 미치는 부끄러운 정도이다. 2022년 OECD 회원국 국가별 공공 사회복지 지출 순위에서 한국은 38개국 중 34위를 했다.

사회가 좋아져야 개인이 행복에 접근하기 쉽다는 말이다. 북유럽 국가의 국민들이 왜 행복한지 생각해 본 적이 있나. 국민의 행복은 개인의 의지나 노력으로 해결되는 문제가 아니다. 그리고 당연한 말이지만 국가는 국민의 행복을 책임질 의무가 있다. 행복이 개인의 문제라며 떠넘기는 순간 행복은 물 건너간다. 그리고 국가도 국민의 행복에 방관하게 된다. 국가가 왜 존재하는지 망각하는 것이다. 하버드 교수 마이클 샌델도《공정하다는 착각》에서 비슷한 말을 했다.

"우리 스스로가 운명의 주인이라는 믿음이 굳건한 미국은 사회민주주의 유럽보다 덜 관대한 복지국가일 수밖에 없는 것이다. 유럽인들은 자신의 삶이 자기 통제 밖의 변수에 더 많이 휘둘린다고 생각한다."

국가는 어떻게 하면 국민들이 좋은 삶을 살 수 있을지 늘 고민해야 한다. 그것이 국가의 존재 이유다. 국민도 마찬가지다. 내 행복은 내가 책임진다는 자세는 옳지 않다. 그렇게 각자도생 식으로 문제에 접근하면 앞서 말한 대로 국가 역시 책임을 소홀하

27

게 된다. 핵심은 문제 제기다. 우리가 할 수 있는 게 없다고 손 놓고 있으면 아무것도 변하지 않는다. 그것이 비록 물방울로 바위를 뚫는 일이라 하더라도 말이다. 국가가 국민의 삶을 책임져야 하지만, 국가를 바꾸는 것은 국민의 힘이다. 행복한 삶을 만들기 위해서는 행복한 사회가 선행되어야 한다. 그렇게 되면 개인이 행복을 위해 애쓰거나 노력하거나 하는 일들이 완전히 없어지지는 않을지라도 훨씬 수월하게 될 것이다.

세상의 모든 혁명이나 진보는 누군가 "이게 아니다"라고 인식하고 행동에 나서면서 시작되었다. 거기에 누군가 동참하고, 그러면서 연대가 이루어지면서 세상은 진보했다. 모든 진보나 혁명은 그런 식이었다. 모든 학자들은, 각자도생 시대에 우리가 사회를 변화시킬 수 있는 유일한 방법은 '연대'라고 말한다.

우리가 할 일은 대단한 것이 아니다. 살아가면서 부당한 것, 공정하지 못한 것, 정의롭지 못한 것에 대해 "싫다, 아니다"와 같은 말을 주저하지 않고 하는 것이다. 물론 이런 것마저도 쉽지 않을 것이다. 사람들은 사회를 개선시키는 것보다는 그 사회에 생존하기 위해 오히려 적응을 택한다. 사회를 바꾸는 것보다 자신의 일상을 영위하는 것이 더 중요하고 더 절박하기 때문이다. 그래서 "내가 어떻게 이 시스템을 바꿔, 내가 어떻게 거대권력에 맞서" 하면서 처음부터 체념한다.

출산율이 사회적 문제가 되고 있다. 세계 최저의 출산율은

좋은 삶은 좋은 제도 속에 있다

국가의 미래를 가로막을 정도로 강력하다. 청년들의 이런 선택은 개개인의 저항이 모여 집단을 이룬 결과다. 모두가 모여 "우리 결혼도 하지 말고 애도 낳지 말자!"라고 선언한 것이 아니다. 각자 살아가기 힘든 상황 속에서 어쩔 수 없이 선택한 결과가 이렇게 된 것이다. 결국 국가가 나설 수밖에 없다. 이런 일들은 개개인이 할 수 없기 때문이다. 출산율을 끌어올리기 위해 지난 십여 년 동안 수십조 원을 쏟아 부었지만 효과가 전혀 없다. 이제와서 손쓰기는 너무 늦어버린 것이다. 연애든 결혼이든 뭐든 생계보다 우선하는 것이 없다. 생계가 힘든 개인이 선택할 수 있는 건 자신의 앞가림밖에 없다. 결혼 안하는 게 당연한 것이다.

사실 국가가 아이를 가져라 하는 것은 개인의 안녕과 행복을 위해서가 아니다. 개인의 행복을 위해서라면 앞으로의 시대는 어쩌면 혼자 살아가는 것이 더 행복할지 모른다. 국가가 결혼과 출산을 장려하는 것은 그렇게 하지 않으면 앞서 말했듯 국가운영이 힘들기 때문이다. 과거와는 달리 미래를 시뮬레이션하는 일이 그리 어렵지 않게 되었다. 결혼은 더욱 그렇다. 남자의 경우 돈이 없으면 결혼을 시도조차 하지 않는다. 남자는 경제적 여유가 생겼을 때 비로소 결혼을 생각한다. 여자가 돈이 없는 남자와는 결혼을 하지 않으려 하기 때문이다. 연애조차도 그런데 결혼은 말할 것도 없다.

이렇게 개인의 선택이 집단이 되고 그것이 나라에 영향을 미친다. 앞서 말했듯 연대도 좋지만 개인이 자기 목소리를 내는 것을 주저하면 안된다. 그저 묵묵히 자기 일만 하며 살아가는 일

29

이 모범이 되어서는 곤란하다.

하지만 우리는 늘 그렇게 살아왔다. 그렇다고 사소한 것, 잘 못된 것에 대해 말하지 않으면 세상은 좋아지지 않는다. 사회를 바꾼다고 혁명이나 시위 같은 것을 생각하면 안 된다. 정부에 맞서거나 대기업에 맞서는 일은 삶을 버릴 수도 있는 문제이다. 물론 그런 사람들 덕분에 세상이 더욱 좋아졌고, 좋아지는 것이다. 그런 사람들 역시 우리 같은 평범한 사람들이다. 그렇게 해도 좋겠지만 우리는 우리 주변에 사소한 것들부터 시작해야 한다. 소확행이고 뭐고 그런 것들은 이런 인식이 뒷받침되고 나서의 일이다. 그런 시도가 있기 때문에 세상은 바뀌는 것이다. 사람들은 행복이라는 말을 쉽게 하지만 사실 행복에 다다르기 위해서는 험난한 과정이 필요하다. 세상은 저절로 바뀌지 않는다.

* 평온한 삶을 위한 선택

평온은 기를 쓰고 즐거움을 추구하는 게 아니라 자신이
처한 환경을 담담하고 무심하게 받아들임으로써 얻는다.

- 영국 기자, 작가 올리버 버크먼 《합리적 행복》

놀랍게도 고대철학자들도 위와 비슷한 표현들을 많이 했다. 살다 보면 쓸데없는 고민에 시간이 너무 많이 소모되는 경우가 있다. 굳이 걱정하지 않아도 될 일이나 고민 같은 것들은 안 한다고 쉽게 머릿속을 떠나지 않는다. 이러다 걱정만 하다 세월이 다 가버리는 것 아닌가 하는 생각도 하게 된다. 이런 비생산적이고 비효율적인 생각들은 평생에 걸쳐 진행된다.

우리는 그때그때 닥치는 대로 살아간다는데 무언가 죄책감을 가지고 있다. 이 방식이 잘못되었다기보다는 어렸을 때부터 그렇게 살면 안된다고 교육받아왔기 때문이다. 우리의 인생은 항상 목표가 있어야 하고 계획이 있어야 한다는 강박이 있다. 그런 강박감은 성인이 되어서도 계속 주입되고 스스로 내면화된다. 이 얼마나 무서운가.

목표를 가지고 사는 것이 잘못되었다는 것이 아니다. 인간은 그런 것들이 있어야 삶의 의미를 가질 수 있고 앞으로 나아갈 수 있다. 삶의 원동력도 그렇게 만들어진다. 또한 그런 것들이 인류발전의 초석이 되었다. 사회심리학자 김태형 역시 "행복은 단순하고 사소한 목적이 아니라 삶 전체와 연관된 목적 실현과 관련이 있다"고 말했다.

하지만 우리는 이런 것들에 너무 강박을 가지고 있는 것은 아닐까? 체계적으로 살지 않으면 혹은 남들만큼 살지 못하면 잘 못사는 것처럼 생각되는 건 우리 문화나 사회적 환경의 영향이 크다. 마광수 교수의 "그때그때 본능에 따라 사는 것이 가장 좋다"는 말은 좀 과격한 표현이긴 하지만 실제로 우리는 살아가면서 늘 본능에 따라 선택하고 행동하는 편이 더 많다.

행복한 나라에 사는 사람들 대부분은 자신의 장래에 대한 강박이 없으며 과도한 경쟁 또한 없다. 그 나라 사람들이 사는 모습과 그들의 사고방식을 보면 우리의 삶이 뭔가 잘못되어도 한참 잘못되었다는 생각이 든다. 행복한 나라들은 거저 행복한 나라가 되었는가? 어디선가 행복이라는 놈이 '짜안~' 하고 나타났는가? 아니다. 그런 나라들은 오랜 세월, 몇 세대를 거치며 행복을 지향하는 국가정책과 사회적 토대, 문화를 계획하고, 그런 시스템을 차곡차곡 구축해 만들어갔다. 따라서 북유럽의 행복을 한국사회에 쉽게 적용시키기란 쉽지 않을 것이다.

국민의 행복은 그 사회시스템이 어떻게 갖춰져 있느냐에 따라 좌우된다. 우리가 북유럽의 행복을 꿈꾼다 해도 이 땅에서는 누리기 힘들 것이다. 사회시스템도, 국민의 인식도 우리는 처음부터 따라갈 수 없다. 북유럽 사람들은 우리처럼 피 튀기게 경쟁하며 서로를 누르며 살아가지 않는다. 열심히 돈 벌어 성공하겠다는 의지보다도 지금을 소중히 여긴다. 사회적 기반과 개인의 역량이 갖추어진 상황에서는 미래에 대한 강박이 없다. 20년 혹은 30년 후의 미래를 위해 현재를 희생하지 않는다는 말이다. 사실 30년 후의 성공이 뭐가 그리 의미가 있겠는가? 이들은 야망도 꿈도 크지 않으며 미래에는 인생이 달라지리라고 기대하며 살지 않는다. 따라서 행복해지려면 인생에 대한 기대치를 낮춰야 한다. 실제로 행복을 연구하는 수많은 학자들이 일괄적으로 하는 말이 인생에 대한 기대치이다.

북유럽 사람들, 특히 세계에서 가장 행복한 나라인 덴마크 국민들은 인생에 대한 기대치가 낮다. 자칫 허무주의 인생관처럼 보일지 모르나 이들의 인생관과 철학은 우리보다 훨씬 건강하다. 그리고 이런 가치관은 인생을 한결 수월하게 해준다. 모든 사람이 거의 엇비슷한 가치를 지니고 남들보다 크게 대단한 사람이 없다. 대학교수나 벽돌공이나 자동차 정비공이나 버는 액수가 거의 비슷하고 직업에 대한 차별도 없다. 서로를 적으로 생각하며 살아남아야 하는 제로섬 게임이 아니다.

그러고 보니 행복한 나라와 그렇지 않은 나라들을 생각해 보면 그 유명한 명작소설《안나 카레니나》의 첫 구절이 생각난다. "행복한 가정은 다 비슷하지만, 불행한 가정은 모두 저마다의 이유가 있다." 이는 개인이 아닌, 나라에도 똑같이 적용되지 않을까. 행복한 나라들은 다 비슷한 이유로 행복하지만, 불행한 나라들은 다 각자의 불행에 따른 이유가 있다. 이유 없는 무덤 없다는 말처럼 개인이건 나라건 불행한 데는 다 이유가 있을 것이다.

우리는 북유럽의 삶에서 무엇을 배워야 할지 진지하게 생각해 봐야 할 것이다. 하지만 앞서 말했듯 한국사회에서 북유럽의 삶을 실천하기란 쉽지 않을 것이다. 남들만큼 살아야 한다는 생각이나 남들이 하는 거 나도 다 하고 살아야 한다는 생각이 드는 순간, 이미 북유럽의 행복은 물 건너간다. 사실 한국사회에서 북유럽의 삶을 꿈꾸려 한다면 마치 부처님처럼 살 각오가 되어야 한다. 그리고 중요한 사실은, 우리가 설사 북유럽에서 산다고 해도 한국 땅에서 생각하는 것처럼 그리 행복하지 않을 것이라는 점이다.

롤프 도벨리의《불행 피하기 기술》이라는 책에는 사람들이 좋은 곳에서 사는 것이 생각했던 것보다 조금도 더 행복하지 않다는 대목이 나온다.

좋은 삶은 좋은 제도 속에 있다

"카리브해에 산다고 행복하시 않다. … 플로리다에 산다고 해도 다를 바 없다. 우리가 살아가는 것은 똑같다. 차를 몰고 출근길에 올라 막히는 도로를 지나, 이메일 폭탄을 거쳐, 상사의 잔소리를 들은 뒤, 퇴근해서 장을 보고, 맛난 음식을 해 먹고, 재미있는 영화를 보고 잠이 든다… 나는 실제로 10년간 마이애미비치에 살았다. 그 진후로는 스위스에서 쌓인 눈을 치우고, 때로는 한파로 꽁꽁 얼어붙은 자동차 유리 때문에 난감해하면서 살았다. 그렇다면 내가 스위스에서 살 때보다 마이애미비치에서 살 때가 더 행복했을까? 전혀, 조금도 더 행복하지 않았다. 이것이 바로 '초점의 오류'다."

꼭 이런 사례만 아니더라도 그 유명한 '한계효용 법칙'도 있지 않은가. 처음 북유럽에 갔을 때는 새로운 삶이 시작되는 것처럼 모든 것이 행복한 순간들뿐이겠지만 그 행복한 순간은 서서히 일상이 된다. 이 말은 그 행복한 순간이 말 그대로 일상이 되면 행복하다는 감각도 무뎌진다는 것이다. 우리가 더 좋은 집으로 이사했을 때나 새로운 차를 구입했을 때를 생각해 보자. 몇 달 동안은 행복할지 몰라도 결코 오래가지 못한다.

2018년 엄마 칠순기념으로 일본에 가족 여행을 갔다가 화장실에 붙어 있는 글귀를 본 적이 있는데 거기에 이렇게 적혀 있었다.

"하루만 행복하려면 이발소로 가라. 일주일만 행복하려면 차를 사라. 한 달만 행복하려면 결혼을 하라. 일 년을 행복하려면 집을 사라. 평생을 행복하려면 정직하게 살아라" 이 글이 시사하는 바는 뭘까? 차를 사고, 집을 사고, 결혼을 하라는 걸까? 당연한 이야기지만 이 글은 '한계효용 법칙'을 말한 것이다. 차를 사건, 집을 사건, 결혼을 하건 거기서 오는 기쁨과 만족은 오래가지 못한다는 뜻이다. 하긴 로또조차 그런데 말이다.

이렇듯 모든 사람들이 북유럽이나 기타 아름다운 도시에 대한 로망이 있지만 정작 그곳에서 사는 것은 별개의 문제다. 나역시 북유럽 같은 행복한 나라에 대해 동경은 있지만 거기서 살고 싶은 생각은 전혀 없다. 그런 곳에 잠시 여행하는 것과 사는 것은 완전히 다른 문제이다.

우리는 누구나 자기만의 삶을 개척하고 싶어하고, 개성 있는 삶을 추구하려고 하지만 정작 살아가는 패턴은 과거의 방식과 비슷하다. 남들처럼 살아가지 않으면 도태된다는 생각은 행복과 점점 멀어지게 할 뿐이다. 닥치는 대로 사는 인생은 뭔가 대책 없어 보이기는 하지만, 계획을 가지고 목표를 정해 사는 인생도 마찬가지이다. 자신의 상황과 환경, 그리고 자신의 능력에 맞지 않은 목표는 사람을 불행하게 한다. 앞서 말했듯 행복은 결국 기대치에 비례하지 않던가.

강준만 교수는 《평온의 기술》에서 목표 없는 삶을 이렇게 말했다.

좋은 삶은 좋은 제도 속에 있다

"높고 뚜렷한 목표 때문에 성공한 사람도 많지만 그런 목표의 노예가 된 나머지 자신의 인생을 망치는 건 물론 다른 사람들에게 피해를 주는 사람도 많다. 목표가 없는 한심한 사람이기 때문에 이런 생각을 하는 걸까? 모두 다 그럴 필요는 없지만 목표 없이 사는 삶의 축복을 누리는 사람이 많아져야 평온한 사회로 한 걸음 나아가는 것도 가능할 것이다."

그리고 그보다 중요한 것은 그런 사람들에 대한 사회의 인식이나 사람들의 편견도 바뀌어야 할 것이다.

세계적 영화감독이 된 박찬욱 감독은 예전에 할리우드 데뷔작인 영화 〈스토커〉 홍보차 YTN과의 인터뷰에서 "일이 뭔가요?"라는 질문에 당당하게 "일은 생계수단"이라고 말했다. 〈백 투 더 퓨처〉, 〈포레스트 검프〉, 〈캐스트 어웨이〉 등 수많은 명작을 남긴 세계적 거장인 로버트 저메키스 감독 또한 영화 〈플라이트〉 홍보차 내한하여 TVN 백지연의 피플 인사이드에 출연해 "성공이 뭔가요?"라는 질문에 "좋은 남편, 좋은 아빠가 되는 것"이라고 했다.

또 크레이티브 디렉터로 유명하고 베스트셀러 작가로도 유명한 박웅현은 "인생의 계획이 뭐냐?"는 질문에 "없습니다. 개처럼 삽니다"라고 대답하면서, "꿈 좀 꾸지 말자"라고 대답했다. 물론 이렇게 말하는 게 쉽진 않다. 소위 성공한 사람들에게서 나오는 이런 말들은 그 자체로 멋지지만 평범한 삶을 사는 일반인들에

37

게는 그저 부러움의 대상일 뿐이다. 여기서 중요한 점은 거대하고 거창한 목표, 자신이 도달할 수 없는 목표는 지양해야 한다는 것이다.

정말 아무 생각 없이, 그저 닥치는 대로 살아가는 사람들에겐 이런 말들이 독이 될 수 있다. 그러나 무언가 큰 성공을 거두어야 자신의 삶이 가치가 있다고 생각하는 사람들, 그리고 그런 것들이 마치 자신의 존재 이유인 것처럼 인식되는 사람들에겐 오히려 해독제가 될 수 있다고 본다.

✳ 무계획이 상팔자인가?

행복의 계획은 실로 얼마나 인간에게 큰 불행을

가져다주는가. 우리가 행복이라는 말을 통해 의미하는

것은 대개 잠시의 쾌감에 가까운 것.

행복이란, 온천물에 들어간 후 10초 같은 것.

그러한 느낌은 오래 지속될 수 없기에, 새해의 계획으로는

적절치 않다. 오래 지속될 수 없는 것을 바라다보면,

그 덧없음으로 말미암아 사람은 쉽게 불행해진다.

- 김영민 《아침에는 죽음을 생각하는 것이 좋다》

김영민 교수의 에세이 《아침에는 죽음을 생각하는 것이 좋다》에 등장하는 행복론은 볼수록 매력적이다. 새해를 맞아 다시 이 문구를 보았는데 역시 다시 읽어도 여전히 좋다. 고대철학

1부. 인간에게 행복이 있기는 한 걸까?

자들 또한 이런 행복론을 설파해 왔다. 목표, 계획, 야망, 꿈 등 이런 것들은 사람의 열정을 불태우는 계기가 될 수 있지만 반대로 그런 것들이 사람의 인생을 좀먹기도 한다.

애니 듀크의 책 《큇:자주 그만두는 사람은 어떻게 성공하는가》는 목표가 어떻게 사람들을 혼란스럽게 하는지, 목표가 왜 만능이 아닌지, 그리고 목표가 왜 자주 바뀌어야 하는지 알려주는 책이다.

"목표설정에는 수많은 단점이 있으며, 그 단점 중 일부는 그만두는 결정을 합리적으로 하는 것을 방해한다. 특히 이들은 목표에는 성공 아니면 실패라는 두 가지 속성밖에 없으며, 유연성이 없다는 점을 지적한다. 또한 이 연구결과에 따르면 목표추구 행동은 사람들이 활용 가능한 다른 기회들을 무시하게 만든다. 이 연구결과의 핵심은 목표가 우리를 더 끈기 있게 만들 수는 있지만 끈기가 항상 미덕은 아니라는 발견에 있다. 앞에서 이미 살펴보았듯이, 끈기는 가치있고 어려운 일을 계속하게 만들지만 더이상 가치가 없는 일에 끊임없이 집착하게 만들기도 한다. 목표가 계속해서 결승점에 집중하도록 만들고 전진할 수 있도록 용기를 준다는 것은 부분적으로는 맞는 말이다. 하지만 목표의 바로 그 속성이 나쁜 상황에서 그만두기 힘들게 만들기도 한다."

앞서도 말했지만 인류의 진보는 야망과 목표로 이루어져 왔다. 무언가를 성취하고자 하는 욕구, 어떤 목표에 도달하려고

좋은 삶은 좋은 제도 속에 있다

하는 의지, 끈기 같은 것들 말이다. 그런 의지가 없다면 세상의 발전도, 인류의 진보도 없다. 그런 것들이 우리를 더욱 편하고 행복하게 만든 것만은 분명하다. 그래서 세상은 끊임없이 우리에게 목표, 목적과 같은 것들이 성공을 이끈다고 말한다. 맞는 말이긴 하다. 대중문화를 봐도, 스포츠를 봐도 마찬가지다. 역경을 이겨내고 성공을 쟁취한 사람들은 표본의 대상이다.

존 리 핸콕의 2016년작 영화 〈파운더〉는 나이 52세의 평범한 밀크셰이크 영업사원이 어떻게 맥도날드 신화를 쓰게 되었는지 그 일대기를 그린 영화이다. 레이 크록이 어떻게 맥도날드를 차지하게 되었는지 알게 되면, 사업이라는 게 뭔지, 성공이라는 게 뭔지 생각하게 된다. 레이 크록은 마지막에 "한 단어로 말할게요. 끈기. 이 세상 무엇도 끈기를 대신할 순 없죠"라고 말한다.

레이 크록의 사업방식은 냉정함을 넘어서 잔혹하게 보인다. 그는 경쟁자가 물에 빠지면 다가가서 입에다 호스를 쳐넣을 거라고 말한다. 정말로 맥도날드 형제의 사업을 빼앗은 과정을 보면 그 정도는 아무것도 아닌 것처럼 보인다.

성공한 다음에 무엇이 성공을 이끌었냐는 말에는 이른바 '끈기'나 '열정' 같은 말을 하기는 쉽다. 하지만 끈기나 열정을 가지고도 성공하지 못한 사람들도 셀 수 없을 정도로 많다.

애니 듀크는 앞의 저서에서 "성공은 일을 포기하지 않고 계속한다고 해서 거둘 수 있는 것이 아니다. 성공은 계속할 수 있는 적절한 일을 선택하고 나머지 일은 포기할 때 거둘 수 있다"라

1부. 인간에게 행복이 있기는 한 걸까?

고도 했다.

레이 크록도 끈기라고 말하지만 끈기 이전에 무엇이 자신을 성공으로 이끌었는지 생각해 보면 끈기는 그저 많은 요인 중 하나일 뿐이다. 어쩌면 끈기가 아닌데 끈기로 보일 수도 있을 것이다. 성공한 후 결과를 해석하면 그것이 끈기가 될 수도, 열정이 될 수도, 냉정함이 될 수도, 그 어떤 것도 갖다 붙일 수 있다.

이 영화를 보고 나서는 맥도날드에 대해 다시 한번 생각하게 된다. 그 성공신화에 무엇이 가려져 있는지, 맥도날드를 빼앗긴 맥도날드 형제의 마음이 어땠을지를 말이다. 오늘날 맥도날드는 거대한 제국이 되었다. 언제 어디서든 빠르고 맛있고 편하게 먹을 수 있는 대표적인 음식이 되었다. 심지어는 미국을 상징하는 하나의 문화가 되었다고 말하기도 한다. 맥도날드뿐만 아니다. 세상은 갈수록 인간에게 편한 시스템을 안겨준다. 그것이 곧 세상의 진보라고도 할 수 있다.

하지만 반대로, 세상은 더욱 편해졌는데 우리는 더욱 불행해 졌다. 이는 전 세계적으로도 그렇지만 선진국에서는 더욱 두드러진다. 소위 잘사는 국가일수록 국민들의 행복감은 더없이 예전만 못하다.

우리나라도 당연히 예외는 아니다. 1인당 국민소득이 1만 달러를 넘은 1994년보다 3만 달러를 넘은 2024년 지금, 몇 배는 더 잘살게 되었지만, 우리 누구도 그때보다 행복하다고 말하지 않는다. 자녀세대들도 이제는 부모세대보다 못사는 최초의 세대가 되었다. 원래 자신의 자녀의 미래에 대해서는 모두 낙관하는 편이지만 객관적인 사실을 보면 앞으로 커가는 자녀세대들이 과연 우리보다 잘살게 될까 라는 물음엔 당연히 회의적이다. 이는 새삼스러운 말이 아니다. 실제 모든 전문가들이 입을 모아 하는 이야기다.

그런 의미에서 아이를 낳지 않는 건 어쩌면 이기적인 행동이 아니라 이타적인 행동일지도 모른다. 자신의 자녀가 불행한 시대에서 잘 살지 못할 게 뻔한데 그런 시대를 자녀에게 물려주고 싶겠는가? 실제로 청년들 사이에서도 그런 인식이 강하다. 국가를 위해서 결혼을 하고 아이를 가지라고 강요하는 것은 어쩌면 전체주의 사고가 아닐까? 실제로 나치가 그러지 않았던가?

이제는 자신의 행복을 위해 어떤 기준이나 가치관을 정립하지 않으면 죽을 때까지 행복만 쫓다 인생은 끝나버릴지도 모른다. 일찍이 영국 철학자 버트런드 러셀도 "사람들이 두려워하는 이유는 내일 아침거리에 대한 걱정 때문이 아니라 자신의 이웃보다 더 잘살지 못하는 것에 대한 불안 때문이다"라고 말한 바 있다.

앞서 소개한 마강래 교수의 《지위경쟁사회》라는 책에서는 "풍요로운 시대에서 벌어지는 상대평가는 최고에 오르지 못한 대다수를 부족한 자로 몰아 넣는다"고 했다.

이렇듯 다른 사람들과 비교해 자신이 어떤 모습이냐에 따라 행불행은 결정된다. 이런 데 휘둘리지 않고 자신의 철학을 견고하게 유지하면서 살아간다는 건 대단한 멘탈이 필요하다. 살아오면서 좋은 것, 싫은 것, 잘하는 것, 못하는 것, 편하게 하는 것, 불편하게 하는 것 등등, 무엇이 내 삶에 최적의 조건이 될지를 판단해 삶을 단순화해야 한다. 삶을 단순화시킨다는 건 그냥 저절로 되는 것이 아니다. 나이만 먹는다고 되는 건 더더욱 아니다.

쇼팽은 "간결함이란, 모든 난관을 극복하고 나서야 얻을 수 있는 궁극의 경지다"라고 했다. 스티브 잡스 역시 "단순하게 생각하라"고 했다. 이와 비슷한 표현들은 셀 수 없이 많다.

이안 감독의 명작 〈와호장룡〉에서는 "진정한 힘은 깃털처럼 가볍다"라고 했고, 백영옥은《그냥 흘러넘쳐도 좋아요》에서 지휘자, 작곡가, 피아니스트인 레너드 번스타인의 말을 인용해 "피아노에서 가장 중요한 건 '약한 음'을 치는 것이라고 말합니다. 사람들은 절정을 향해 나가는 빠른 템포의 곡에 감동하지만, 진짜 실력은 '약한 음치기'에서 알 수 있다고요"라고 말했다. 아이작 뉴턴은 "진리는 항상 많은 사실들의 혼란이 아닌, 단순함 속에서 찾을 수 있다"고 했다.

유귀훈은《글쓰기의 상식에 헤딩하기》에서 "어떤 일이든 난해하고, 복잡하고 변수가 많을수록 단순하게 접근하는 게 상책이다"라고 했다. 실제로 글쓰기에서 가장 어려운 건 쉽게 쓰는 것이다. 글을 못 쓰는 사람들은 복잡하고 어렵게 쓴다고 하지 않던가. 단순하게 살아간다는 것은 말 그대로 단순하게 살아가는 것이 아니다. 쇼팽의 말처럼 궁극의 경지까지는 아니더라도 삶의 지혜를 요구한다.

좋은 삶은 좋은 제도 속에 있다

자신을 돌보고 살피는 일은 노년이 되어서만 해야 하는 일이 아니다. 우리는 끊임없는 자신과의 대화가 필요하다. 그렇지 않으면 자신이 진정 원하는 것이 무엇인지 평생 모르고 지낼 수 있다. 대부분의 사람들이 그렇게 살고 있다. 그리고 그렇게 평생을 무언가 욕망하면서 살아간다. 우리의 욕망은 마르지 않는 샘과 같다. 스스로 제어하고 어떤 기준을 정하지 않으면 욕망은 제어 불가능하다.

목표 없는 삶이 주는 행복을 말했지만 목표 없이는 못사는 사람들, 의미를 찾지 못하는 사람들 또한 당연히 많을 것이다. 목표가 삶을 움직이는 거대한 원동력이 될 수 있겠지만, 목표의 노예가 되어 삶을 망치는 일은 성공한 사례와 비교조차 할 수도 없다. '죽은 자는 말이 없다'와 같은 말이나 '생존편향'이라는 말은 모두 여기에 속한다. 성공한 사람들의 특성이나 습관 등은 실패한 사람들에게서도 충분히 찾을 수 있다.

목표를 추구하는 것이 나쁘다는 말이 아니다. 그러나 살아가는 내내 목표를 추구하며 살아갈 수는 없다. 마치 목표추구 그 자체가 인생의 목표가 되어 주객이 전도되는 일도 흔하다. 목표는 우리의 삶에 윤활유와 같은 역할을 해야 한다. 목표에 올인하는 삶을 위험하다고 단정지어 말할 수는 없지만, 때로는 목표라는 것이 김영민 교수의 행복론처럼 '온천물에 몸을 데우러 갈 때와 같은 기분'이 될 필요도 있지 않을까 생각한다.

45

* 어른에게도 놀이가 필요하다.

재미는 우리가 풍요로워져서 얻게 된 결과물이 아니라
삶을 풍요롭게 해주는 원인이다.

- 캐서린 프라이스 《파워 오브 펀》

만약 당신에게 열심히 사는 삶과 재미있는 삶 중에서
하나를 택하라고 한다면 당신은 어느 쪽을 택할까?
아마 열에 아홉 사람은 후자를 택할 것이다.
그런데 현실은 정반대로 대부분의 사람들은 재미와는
거리가 먼 삶을 살고 있는 게 사실이다. 주변에 열심히
사는 사람들이 많아도 재미있게 사는 사람들은
찾아보기 어렵다…

좋은 삶은 좋은 제도 속에 있다

재미는 세상을 움직이는 동력이고, 세상을 변화시키는
힘이다… 재미는 인간 삶의 본질적 문제이다…
재미를 이해하는 일은 개인적으로는 더 즐거운 삶을
영위하기 위해, 사회적으로는 더 즐겁고 살만한 세상을
만들기 위해 반드시 필요하고 가치 있는 일이다.

– 김선진 교수《재미의 본질》

놀이는 본질적인 가치를 추구하는 반면 일은
도구적인 가치를 추구한다.

– 철학자 요한 하위징아

놀고 싶은 욕구는 근본적으로 존재의 욕구이다.

– 철학자 장 폴 사르트르

재미의 세계가 넓으면 넓을수록 행복의 기회가 많아지며,
운명의 지배를 덜 당하게 된다.

– 영국 철학자 버트런트 러셀《행복의 정복》

1부. 인간에게 행복이 있기는 한 걸까?

유치원에서 초등학교 4학년 때까지가 내 인생에서 가장 즐거웠고 가장 재미있게 놀았던 시기였다. 그때의 기억들은 워낙 강렬해서 커서도 가장 좋았고 행복했던 시기로 기억된다. 초등학교 5학년 때 아버지의 사업이 망하고, 허름한 집으로 이사 가기 전까지 내 인생은 그야말로 놀이의 시대였다. 공부를 못해 힘들기는 했지만 놀이는 당시 내 세계를 지배하는 가장 강력한 무기였다. 7살부터 11살까지 약 4년여의 시간 동안 수많은 추억들이 있지만 그중 4학년 때 특별한 기억이 있는데 지금 생각하면 우습지만 그때는 의아했다. 당시 우리 지역의 초등학교 학생수는 다른 지역보다 많은 편이었다. 한 반에 70~80명 정도 됐던 것으로 기억한다. 그래서 그 당시 4학년들은 걸어서 15~20분 정도 되는 분교로 등교를 했었다. 그 학교가 어떻게 생기게 되었는지, 아니면 원래 있던 학교인지는 잘 모르겠는데 학교에서는 학생수가 너무 많으니 한 학년을 그쪽으로 떼어놓자고 생각한 것 같다. 회사로 따지면 직원이 너무 많아 건물 하나를 따로 만들거나 아니면 임대해서 한 사업부를 그쪽으로 옮긴 셈이다.

나는 당시 학교 육상부 활동을 했는데 본교에서 아침훈련을 끝내고 분교까지 걸어서 교실에 들어가면 항상 1교시 수업이 시작되고 있었다. 조심스레 문을 열고 들어갈 때마다 반 아이들이 다 쳐다보았는데 그 기분이 묘하고 뭔가 충만한 느낌이 들었다. 그때의 육상부는 전학 간 학교에서 하게 된 축구부하고는 차원이 달랐다. 달리기를 잘해 육상부에 뽑혔지만 나는 그야말로 즐

좋은 삶은 좋은 제도 속에 있다

기면서 운동을 했다. 해도 좋고 안 해도 그만인 편안하고 즐거운 마음, 괴롭고 부담 없는 활동이란 바로 그런 것이 아니었을까 싶다.

나이를 많이 먹어 알게 된 삶의 진실은 바로 이런 것과 같나. 전학 간 학교에서 인생을 걸고 하게 된 축구는 막다른 길이었다. 그거 아니면 절대 안 된다는 생각, 이런 생각은 삶을 힘들게 한다. 성인의 삶도 마찬가지다. 조직에서 끝까지 가야 한다는 각오, 살아남아서 간부, 혹은 무엇이 되든 여기서 성공하겠다는 생각은 어쩌면 위험할 수도 있다. 부당한 일도, 불합리한 일도, 심지어 폭력도 수용하여야 한다. 살아남기 위해 그런 일들은 그저 견뎌야 하는 일이 되는 것이다.

그렇게 살면 안된다. 무엇을 하든 모든 가능성을 열어두어야 한다. 그러다 보면 플랜B, 혹은 플랜C에서 오히려 자신의 하고 싶은 것을 찾고 자신의 길을 발견하는 이도 적지 않다. 그 외 다른 길을 선택하더라도 나쁘지 않다. 전부인 줄 알았던 그 길은 다른 길을 걸어봤을 때 이 길도 나쁘지 않다는 것을, 내가 추구하던 그 길이 꼭 가야만 하던 길은 아니었다는 사실을 알게 된다. 그런 것을 깨닫게 되면 삶의 지혜가 생긴다.

초등학교 4학년 때의 쉬는 시간은 말 그대로 천국을 맛본 시간이었다. 교실은 그야말로 난장판도 그런 난장판이 없었다. 여자들은 모여 공기놀이를 하고 남자들은 씨름이나 말타기를 했는데 재미에 있어서 정점을 찍었다. 시간이 멈춘 느낌이었다. 쉬는 시간이 10분이 아니라 1시간, 2시간, 3시간이 될 때가 있어서다. 놀면서도 '왜 이렇게 쉬는 시간이 길지?'라는 생각이 들곤 했다. 그것은 쉬는 시간이 길게 느껴진 게 아니라 실제로 길었기 때문이다. 결론을 말하자면 선생님들이 땡땡이를 친 것이다.

"선생님이 땡땡이를 쳐? 그게 가능한가?" 당연히 가능하다. 앞서 말한 대로 4학년만 떼어 내 다른 지역의 건물로 옮겼기 때문이다. 누구도 간섭하는 사람이 없으니 선생님들끼리 단합해서 한 교시가 끝나면 몇 시간씩 1층 큰 방 같은 곳에 모여 수다 떨면서 놀았기 때문이다. 덕분에 우리는 교실에서 마음껏 놀 수 있었다. 말 그대로 개판이 된 것이다. 특히 남자들의 놀이는 과격했다. 서로 씨름을 하거나 구르고 누르고 조이고, 마치 유도나 레슬링 같은 놀이들 말이다. 말타기도 가관이다. 지금은 생각만 해도 웃음이 절로 난다. 선생님들도 재미있었을 것이다. 학생이건 선생님이건 땡땡이는 늘 가슴 두근거리고 재미있는 일탈 아니겠는가. 물론 그렇다고 선생님들이 매일 매 교시 그렇게 한 건 아니었다. 어쨌든 교과 진도는 나가야 했으니까.

학교가 끝나면 친구들과 모여 야구, 축구를 하며 놀았는데 그렇게 재미있을 수가 없었다. 참 신기한 것은, 40년 가까이가 지난 지금도 초등학교 때 선생님들 이름은 물론, 생김새나 특징이 다 기억나고 그들과의 추억이 너무나도 생생하다는 사실이다. 아마도 가장 행복했던 시기였기 때문이 아닐까 싶다. 4학년 담임선생님은 굉장히 깡마른 노인으로 아이들을 때리는 분은

좋은 삶은 좋은 제도 속에 있다

아니었다. 그런데 나는 회장을 뽑는 투표시간에 장난을 치다가 선생님으로부터 뺨을 세게 두 대 맞은 것이 어제 일처럼 생생하다. 당시 회장투표가 시간이 지체되어 선생님이 짜증 나 있었다. 게다가 아이들이 소리지르고 방해해서 더욱 진전이 없었다. 난 아이들이 장난치는 것을 보고 나도 해 보고 싶어 당시 유행하던 빵 광고 "우카"를 아이들처럼 따라 했다. 아이들이 "우~"하면 나는 광고에 나오는 소처럼 마지막에 가슴과 팔을 크게 벌리며 "카!"라고 소리쳤는데, 문제는 선생님의 분노가 다른 아이들이 할 때는 잘 참고 있다가 내가 할 때 폭발해 버린 것이다. 선생님은 날보고 나오라고 하고는 나의 뺨을 세게 때렸다. 난 자리로 돌아가 얼음장처럼 굳어있었고 교실은 쥐죽은 듯 조용했다.

또 산수를 못해 힘들었던 기억이 난다. 더 재미있는 건 선생님이 가장 좋아하는 수업이 산수였던 점이다. 그래서 어떨 때는 다른 수업 제쳐두고 연달아 산수를 한 적이 있는데 정말 곤혹스러웠다.

다시는 초등학교 때처럼 재미있게 노는 일이 없다는 건 슬픈일이다. 그런 의미에서 어른이 되어 인생이 재미없는 건 놀이의 부재 때문이다. 우리는 그저 살아가기 위해 일만 할 뿐이다. 거기에 재미가 파고들 자리는 없고 그저 고단한 의무와 책임만 있을 뿐이다.

아… 즐거움을 잃어버린 어른의 세계. 놀이는 인간의 가장 원초적이고 본능적인 행위이다. 그럼에도 불구하고 우리들은 어렸

1부. 인간에게 행복이 있기는 한 걸까?

을 때는 논다고 맞았다. 노는 것에 대한 죄책감은 그렇게 심어졌다. 그렇게 성장하여 어른이 된 우리들은 지금은 논다는 것은 뭔가 퇴보하고 있다는 것처럼 불안감을 느낀다. 무언가를 해야 하고 하지 않으면 불안하고 가만히 있지 못하는 현대인. 이건 비극이다. 일을 하고 있어야만 잘살고 있는 건가? 그것만이 삶의 의미인가?

주 5일제를 처음 도입할 때 경영계의 입장을 생각해 보라. 나라가 망하는 것처럼 반응하지 않았던가. 정확히 기억나진 않지만 주 5일제를 하면 국민들이 나태해진다거나 놀기만 한다는 등, 지금 들으면 귀를 의심할 만한 말들이 그때 오갔다. 4차산업 시대, 주 4일제 이야기가 나오는 지금의 시대에 무슨 이야기가 나올지 궁금하다. 주 4일제는 이웃 일본을 비롯해 미국과 유럽에선 이미 도입 중이거나 시행 중이고, 우리나라도 삼성전자를 비롯한 여러 곳에서 도입해 실험 중이다.

노동시간 OECD 2위, 노인빈곤율 OECD 1위, 자살률 OECD 1위가 말해 주듯 우리의 인생은 고달프다. 앞서 우리 국민의 행복 만족도가 세계 꼴찌라고 했지만 노동시간에 대한 변화가 없다면 행복 만족도의 개선은 요원하다. 소설가 김별아는 오래전 매일경제신문 칼럼에서 《놀아야 산다》라는 제목으로 이렇게 적었다.

"바야흐로 제2의 삶을 위해 잊었던 꿈과 미뤄둔 놀이를 되찾아야 할 때다… 무엇이라도 미뤄두었던 꿈과 소망을 되찾아 즐

　　　　　　　좋은 삶은 좋은 제도 속에 있다

기는 사이 돈과 명예가 아닌 가치, 잃어버리거나 잊어버렸던 자신을 찾는 진정한 삶의 가치를 얻게 된다"

많은 사람들이 진정한 삶의 가치를 '일'에서 찾고 있다. 그럴 만도 하다. 일이 인생의 중심에 있기 때문이다. 일없이는, 돈벌이 없이는 살아갈 수가 없다. 하지만 일 때문에 재미를 추구하는 일을 미룬다면, 어느새 노인이 되어 있을 것이다.

노르베르트 볼츠의 《놀이하는 인간》이라는 책을 보면 이런 대목이 나온다.

"놀이가 없는 사회나 인간은 하나의 공허한 자동기계(로봇)와 같은 좀비 상태로 침몰한다. 만약 거기서 빠져나오려고 한다면, 우리는 놀이를 해야 한다. 오직 놀이의 즐거움만이 완전한 인간에 이르는 길을 가르쳐 준다… 놀이가 우리 고유의 본성이라는 점을 인식하면 놀이를 왜 하는지 근거를 대고 이를 정당화할 필요조차 없어진다."

생각해 보면 그렇다. 우리는 어렸을 때부터 놀려고 하면 어떤 이유를 대야만 했다. 놀이가 인간에게 얼마나 유용한지는 이미 과학적으로 다 입증이 되었다. 특히 어린 시절 놀이는 창의성은 말할 것도 없고, 성장하는 데 있어서 중요한 역할을 한다. 이런 사실은 동물의 세계에서도 분명하게 나타난다. 어린 곰이나 사자 새끼들이 서로 놀이를 하는 것은 단순한 놀이가 아닌 커서

먹이활동을 하고 사회활동을 하는 데 있어서도 아주 중요한 역할을 한다.

2023년 5월 5일 SBS는 모닝와이드를 통하여 '중·고등학교보다 학원 많이 다니는 초등학교'라는 프로그램을 내보냈다. 방송 인터뷰를 보면 아이들도 한결같이 "놀고 싶다"라고 말한다. 우리나라 어린이 행복지수가 OECD 국가에서 왜 최하위인지 잘 보여주는 인터뷰이다. 난 그 방송을 보면서 아이들이 너무 안쓰러워 보였다. 정말 부모들은 몇 개의 학원을 전전하며 늦게까지 공부하는 아이들을 보면서 무슨 생각을 하고 있을까?

2023년 5월 23일 MBC PD수첩에서는 《초등학생까지 번진 의대 광풍》이 보도되었다. 그러니까 초등학생부터 의대 진학을 위해 공부를 한다는 건데 보고 있자니 정말 말문이 막혔다. 앞에 방송된 늦게까지 학원 다니는 초등학생은 그나마 양반 같아 보였다. 어떤 전문가는 이것을 "인권침해"라는 표현을 썼는데 정말 딱 맞는 말이라 생각했다. 오직 부모의 욕심 때문이 아닌가?

"놀이는 우리를 낙관적으로 만든다"는 말도 있다. 아이들은 더욱 말할 것도 없다. 초등학교 때부터 학원을 전전하고, 의대 진학을 위해 공부하는 아이들이 과연 낙관적이 될 수 있을까?

사회심리학자 김태형은 《실컷 논 아이가 행복한 어른이 된다》라는 책에서 한국 부모들이 새겨들어야 할 이야기들을 많이 했다. 좀 길긴 하지만 몇 가지 소개하면 다음과 같다.

"현대 한국인의 교육열은 아이들에게서 놀이를 박탈하는 주범일 뿐만 아니라 어린 시절의 행복, 나아가 아이들의 미래까지 파괴하고 있다. 참으로 역설적이지만 미덕으로만 여겨졌던 내리사랑 전통이 병적인 사회로 인해 아이들을 불행으로 이끄는 역할을 수행하는 셈이다.

우리는 어린 시절 놀이를 통해서 훗날 사회적 존재로서 살아갈 능력, 즉 원만하게 사회활동을 하는데 필요한 다양한 정신적, 신체적 능력을 습득한다.

사람이 어린 시절 반드시 누려야 할 자유란 곧 놀이의 자유를 의미한다. 아이들에게 자유를 준다는 것은 마음껏 놀 수 있도록 보장하는 것이다.

놀이를 빼앗는 사회가 비판받아야 하는 이유는 무엇일까? 무엇보다 놀이가 아이들의 기본 권리의 상징이기 때문이다. 놀이는 인간으로 성장하는 과정에서 아이들이 최초로 획득하는 자유 권리이다.

어릴 때 실컷 놀았다는 것은 곧 자유롭게 자라났다는 것을 의미한다. 동시에 어린 시기의 중요한 욕구들을 원만하게 충족했으며, 정상적인 발달과정을 거쳤다는 것을 보여준다. 따라서 실컷 논 아이들은 정신건강이 우수할 수밖에 없다.

지금까지 한국의 어른들은 아이들이 행복해질 수 있는 세상을 만들기 위해 싸우기보다 병든 세상에 적응하라며 아이들을 타이르거나 윽박질렀다. 병든 세상에서는 그 누구도 행복해질 수 없는데도 아이들에게 살아남으라고 강요하며 결과적으로 불행의 길로 밀어붙였다."

  결국 한국인은 전 생애에 걸쳐 공부와 일만 하다 생을 다 보낸다. 앞서 인용한《파워 오브 펀》의 캐서린 프라이스는 "우리가 가장 살아 있다고 느끼는 시간, 가장 좋은 추억을 만드는 시간은 놀이를 할 때"라고 했다. 그러면서 "재미 추구가 우리의 관심과 시간을 빼앗는 온갖 일의 바다에서 길을 잃지 않도록 계속 재미를 우선시해야 한다. 그리고 내일 또는 다음 주까지만 노력하는 게 아니라 살아가는 동안 내내 그렇게 하겠다고 결심해야 한다"라고 말했다.

  하지만 잘 논다는 건 쉬운 일이 아니다. 대부분의 사람들이 주말 휴일이면 수동적인 여가를 보내곤 한다. 저서《몰입》으로 굉장히 유명한 미하이 칙센트미하이는 이렇게 말했다.

  "여가는 일보다 즐기기가 더 어렵다. 여가를 마음대로 이용할 수 있다고 하더라도 그걸 효과적으로 활용하는 방법을 모르면 삶의 질이 높아지지 않으며, 그건 저절로 배울 수 있는 것도 아니다."

  18세기 철학자 랠프 월도 에머슨은 "노는 법을 아는 것은 축복받은 재능이다"라고 말했다. 영국 철학자 버트런드 러셀 역시 자신의 저서《행복의 정복》에서 비슷한 말을 했다. "여가를 슬기롭게 이용할 수 있다는 것은 문명의 최종적인 단계이며, 오늘날

좋은 삶은 좋은 제도 속에 있다

이러한 경지에 도달한 사람은 극소수이다."

《행복의 정석》이 1930년에 나온 책인데 그때나 지금이나 여가에 대한 인간에 대한 생각은 달라진 것이 없다. 그리고 위의 글들을 읽어보면 사실상 여가를 잘 보내는 것은 불가능하다고 생각될 것이다.

먹고 살기도 힘든 세상인데 노는 것조차도 이렇게 힘들다니… 일에 치이다 보면 잘 놀아야 한다는 생각도 없어질지 모르겠다. 어쨌든 먹고 사는 일만큼 중요한 게 없기 때문이다. 그럼에도 재미를 추구해야 할 가장 큰 이유는 자신이 행복해지기 위해서이다. 앞서 인용한 김선진 교수의 《재미의 본질》에서도 이런 내용이 나온다.

"인간은 행복하더라도 재미는 느끼지 못할 수 있지만, 뭔가에 재미를 느끼고 있다면 행복할 가능성이 높다는 점에서 재미는 행복보다 구체적이고 실천적인 개념이다. 인간은 행복하더라도 재미가 없을 수 있지만 재미있는 삶은 결코 불행할 수 없다. 재미없는 행복은 있을 수 있어도 행복 없는 재미는 있을 수 없다는 얘기다."

일본작가 모리 히로시도 《재미있다는 것은 무엇인가? 재미있게 살아가기 위해서는?》이라는 책에서 비슷한 말을 했다.

"재미있는 인생은 행복과 같다. 일은 살기 위한 수단이며 인

57

생 그 자체는 아닌 것이다. 일은 싫다면 그만둘 수 있지만 인생은 그렇게 할 수는 없다. 인생이 '재미있다'라고 느낄 수 있는 것을 '행복'이라고 한다. 말하자면 잘 살아갈 수 있는 상황이 '행복'이라고 불리는 것이다.… 재미있는 쪽이 살아가기 쉽다."

초등학교 4학년 이후 내 인생 놀이는 없어졌다. 인생에서 가장 즐겁고 행복해야 할 대학 시절마저 난 우울과 권태를 견뎌야 했다. 놀고 싶지만 뭘 어떻게 해야 놀 수 있을지 몰랐다. 당연하다. 친구도 거의 없었으니….

"놀고 싶다." 이 나이에 이런 말을 하다니…. 나이 들어 놀기가 얼마나 어려운 일인가. 하지만 놀이가 없으면 인생은 피폐해진다. 놀이야말로 인간을 자유롭게 한다.

* 일상은 사소하고 보잘것없지만 위대하다.

우리의 삶 속에서 무엇이든지 사소하고, 익숙하고,
일상적인 것들은 잘 기억하지 못한다. 왜냐하면 정신은
기이하지 않고 놀랍지 않은 것에는 움직이지 않기
때문이다. 반대로 아주 비열하고, 치욕스럽고, 놀랍고,
믿기지 않고, 또는 우스꽝스러운 것들이 기억에
오래 남는 경향이 있다. 그런 이유로 자신의 눈이나 귀에
익숙한 것들은 쉽게 잊는 반면, 어렸을 때 일들은 오래간다.
이는 다른 이유 때문이 아니라, 익숙한 일들은
기억으로부터 쉽게 미끄러져 가고, 뚜렷하고 기이한 일들은
더 오랫동안 정신에 머물기 때문이다…
본성은 일상적이고 평범한 일보다는 새롭고 놀라운 일에

더 크게 자극받는다.

– 조슈아 포어《1년 만에 기억력 천재가 된 남자》

한 해가 지날 때 대다수의 사람들이 일 년을 허무하게 느끼는 것은 바로 이런 점 때문일 것이다. 집과 회사만 오갔던 일 년이기에 기억나는 것이라곤 그것밖에 없는 것도 그 때문이다. 평생 아무 일 없이, 아무 자극 없이, 경험이나 추억이라 할만한 것들이 없는 내게 지난날은 한낮의 꿈처럼 느껴지는 것이 당연하다. 강준만 교수는 자신의 저서《우리는 왜 이렇게 사는 걸까》에서 나이 들수록 시간이 빨리 흐르는 것을 '시간 압축 효과'라고 했다. 평범한 일상을 잘 보내야 한다는 생각 자체가 스트레스를 유발할지도 모른다. 하지만 우리의 일상이 결국 삶을 구성하는 것이라면 일상을 세심히 들여다볼 필요가 있다.

김신지의 에세이《좋아하는 걸 좋아하는 게 취미: 행복의 ㅎ을 모으는 사람》을 읽으면서 '보잘 것 없는 일상의 순간순간을 어쩌면 이렇게 예쁘게 글로 표현할 수 있을까?'하는 생각이 들었다. 이런 일상의 순간들을 어떻게 좋은 문장으로 만들 수 있을까. 그렇게 좋은 문장으로 탄생하는 순간 일상의 의미 역시 좋은 일상과 기억으로 변신한다. 우리에게는 그런 것들이 필요하다. 사소하고 보잘것없는 일상을 특별하게 만드는 재주, 특별하다고는 하지만 그것은 일상의 소소한 단면들에 관심을 기울이고, 내가 좋아하는 것이 무엇인가, 나를 기쁘게 하는 것이 무엇인가를 고민하면 얻을 수 있는 과제인지 모른다.

이 책에 등장하는 대상은 아주 사소한 것들이다. 동네, 꽃, 테라스, 맥주, 바다, 여름, 한강, 창문 등 흔하다 못해 너무 평범한 것들에서 작가는 특별함을 발견한다. 그리고 이런 것들로부터 행복을 주워 담는다. 정말 부럽다. 이 책을 읽으면서 느낀 것은 우리의 삶은 일상으로 만들어지고, 우리가 그토록 바라는 행복은 일상에서 찾아야 한다는 사실이었다.

책에도 나오지 않는가. 행복은 기쁨의 강도가 아니라 빈도라고, 아무리 대단한 성취나 환희도 시간이 지나면 무뎌지기 마련이므로. 믿을 수 없을 정도로 커다란 기쁨을 한번 느끼는 것보다 다양하고 자잘한 즐거움을 자주 느끼는 것이 행복한 삶에는 훨씬 유리하다는 것. "얼마나 많이"가 아니라 "얼마나 자주"라고.

결국 작가가 이 책에서 말하는 행복도 사실 말만 비틀었을 뿐이지 기존에 나와 있는 행복론과 일치한다. 나도 일상의 소소한 일들을 이렇게 예쁘게 다듬어 글로 만들어내고 싶다. 익숙한 일상 혹은 지루한 일상에서 어떻게 의미를 찾아낼 수 있을지 고민해야 한다.

여름을 매우 좋아하는 작가는 자신에게 남은 여 50번 정도밖에 되지 않을 거란 생각을 한다. 그러면서, 그런 즐거움이 앞으로 50번 정도 더 나를 찾아오는 거라면 두 팔 벌려 이 계절을 껴안아야 마땅하다며, 자신에게 허락된 여름은 어쩌면 더 짧을지도

61

모른다고 말했다.

나는 가을을 좋아하는데 가을은 여름에 비해 훨씬 짧다. 지금의 가을은 맛보기 정도이다. 여름은 점점 길어지고 가을은 점점 짧아진다. 가을은 정말이지 눈물이 나올 정도로 짧다. 가을다운 가을도 못 느끼는 데 요 몇 년 사이에는 아예 가을이 없어진 듯한 느낌도 들었다.

2023년 10월 20일 YTN에서는 〈가을 옷 못 입었는데 초고속 겨울 다가온 이유〉가 방송되었고, 11월 7일 MBC 뉴스데스크에서는 〈자고 일어나니 겨울〉이라는 보도가 있었다. 기후위기로 갈수록 더할 것이다. 정말 무서운 일이다. 여름이 두 달 이상을 간다면 가을은 대략 3주 정도일까? 아니, 가을다운 가을은 2주나 될까? 똑같은 50번의 계절이라 할지라도 누구는 두 달 정도의 기간이지만 누구는 2~3주 정도밖에 안 되는 계절이다.

그래서 여름을 좋아한다는 김신지 작가의 말이 부러웠다. 난 여름을 별로 좋아하지 않는다. 차라리 겨울이 더 낫다. 하지만 요즘의 겨울은 예전보다 더 따뜻해지고 미세먼지도 겨울이 더 많다. 차라리 한파가 몰아치는 날이 낫지 미세먼지는 정말 싫다.

그렇게 가을을 좋아한다고 하면서 이렇게 짧은 가을을 그냥 짧다고 투덜대며 그냥 지나쳐버린 세월이 얼마인가. 오히려 짧기 때문에 그 시간은 더욱 소중한 것이 아닌가. 주말 휴일은 짧기 때문에 더욱 가치 있는 것이다. 그리고 주말 휴일은 일하는 평일이 있기 때문에 더욱 소중한 것이다. 그렇다면 이 짧은 가을, 갈수록 짧아지는 가을 동안 더욱 몰입했어야 하는 게 아닌가. 이번 가

좋은 삶은 좋은 제도 속에 있다

을, 무엇을 해야 할까?

김신지 작가의 또 다른 책《평일도 인생이니까》에서는 이런 글이 나온다.

"화려해지려고, 남들에게 인정받으려고 기를 쓰는 대신 평범한 일상에서 내가 누릴 수 있는 즐거움을 찾으면 된다. 내 인생 최고의 순간은 아직 안 온⋯게 아니라 안 온다. 당연하다. 그런 건 없으니까."

그런 건 없다는 글을 읽고 나도 모르게 웃음을 터트렸다. 맞다. 그런 건 없다. 하지만 사람들은 그런 날들을 고대하며 살아간다. 특히 젊은 사람들에겐 더하다. 우리 모두는 그렇게 나이 들어가는 것이다.

1부. 인간에게 행복이 있기는 한 걸까?

* 추억소환은 인간에게
어떤 힘이 되는가?

추억은 인생이 의미 있음을 끝없이 상기시켜 준다.
특히 삶이 뿌리채 뽑혀 나갈 수 있는 존재론적 위기
가운데에서 추억은 그것을 극복할 수 있는 가장 강력한
힘이 되어준다.

– 고영성 《어떻게 읽을 것인가》

현실이 암울하고 미래에는 더 좋은 일이 있을 것 같지 않은
세상에서 과거의 추억을 소환하는 일은 인간에게 매우 중요한
일이다. 사람들은 과거지향적이거나 지나간 일에 신경을 쓴다
는데 굉장히 부정적이다. 지나간 일은 말 그대로 지나간 일이며,
오직 앞으로의 일만을 신경쓰도록 배운다. 보통 사람들은 "난

이미 지나간 과거는 신경 안 써"와 같은 표현을 많이 한다. 그러나 아무리 미래지향적이라도 지나간 과거를 신경 쓰지 않는다는 건 좀 문제가 있다. 사람이든 조직이든 국가든 과거의 잘못을 개선해 오면서 진보가 이루어지기 때문이다.

추억을 상기시키는 건 이와는 조금 다른 문제이기는 하다. 추억은 인간에게 주어진 가장 소중한 자원이다. 나처럼 살아오면서 별 추억이라고는 없는 사람조차도 과거를 돌아보면 추억이야말로 인간을 지탱하는 힘처럼 느껴지기도 한다.

젊은 것 빼고는 좋았던 게 없던 시절이었는데도 난 항상 그 시절을 생각한다. 꿈에서는 대학 시절이 정기적으로 등장하고, 꿈속의 내 모습은 항상 뭔가 조급하고, 초조하고, 안타깝게 나온다. 수업에 들어가는 모습, 허둥지둥 시간표를 확인하는 모습, 캠퍼스를 돌아다니는 모습, 특히 학점 때문에 신경 쓰고 초조해하고 안달하는 모습은 세월이 아무리 지나도 사라지지 않는다. 이런 꿈을 꾸고 나면 아득한 감정이 들긴 하지만 득보다는 실이 크다.

다니엘 레티히의 《추억에 관한 모든 것》이라는 책은 인간에게 추억이 얼마나 소중하고 유용한 것인지를 밝혀낸다. 저자는 추억이 설령 고통을 주는 한이 있더라도 우리에게 강력한 힘이 되며 영영 돌아오지 않을 그 시절을 회상하면서 우리는 삶의 의미를 새롭게 성찰한다고 한다.

"인간은 항상 현재 갖지 못한 것을 열망하기 마련이다. 이것이 바로 추억의 장난이다. 우리는 예전 삶이 더 쉽고 더 유쾌하며 걱정이 없었다고 생각한다. 그러나 이는 조건부로 맞는 말이다. 우리가 누구건 인생의 어느 단계에 와 있던 우리는 종종 삶의 모든 단계에서 과거가 더 매력적이었다고 생각한다…. 그러니까 향수병은 과거를 미화시킨다."

살다 보면 이 말이 진짜인 걸 깨닫게 된다. 특히 현실이 더 불만족스럽다거나 꿈꾸던 자신의 모습이 아닐 때, 현실을 받아들이지 못하는 경우 우리는 과거 자신의 모습을 되새기거나 그때의 시절을 회상한다. 저자는 향수는 병이 아니라 약이라는 주장을 하는데 나로서는 절대적 공감이 가는 말이지만 누구에겐 병이 될 수도 있지 않을까. 과거를 현재와 비교하며 초라한 자신의 모습만 생각하면서 후회하는 일상을 보낸다면 향수는 약이 아니라 병이다. 하지만 확실히 향수는 인간의 긍정적 감정을 유발하며 어느 정도 외로움을 상쇄시킨다.

나는 추억에 대한 결핍이 크다. 성인이 되고 나서는 기억에 남을 만한 추억이 거의 없다. 내게 아름다운 추억은 거의 어린 시절에 집중되어 있다. 더 정확하게는 11살까지의 시간들이다. 현실이 이렇다 보니 외롭고 우울하고 재미없는 인생을 살았다는 20대조차도 이제는 아득한 추억으로 느껴진다. 그 시절이 그리운 건 말할 것도 없다. 당연하다. 누구나 젊은 시절로 되돌아 가고 싶어한다. 하지만 이런 것들이 지나치면 이른바 퇴행 과정으로 가는 지름길이 될 수도 있다.

한민의 《우리가 지금 휘게를 몰라서 불행한가》에는 이런 과거를 돌아보며 추억하는 것들에 대한 경고가 담겨 있다.

"현재에 만족하지 못하는 이들이 미래에 자신이 행복해질 거라고 예측하는 건 당연히 어려운 일이다. 그러나 생각해 볼 질문이 있다. 옛날은 좋았는가?··· 당신의 인생은 항상 좋았다. 당시에는 그것을 몰랐을 뿐. 회상하는 과거는 항상 아름답다. 현재에서 행복을 찾지 못하는 사람들은 자신에게 부족한 긍정적 정서를 보충하기 위해 과거의 기억을 들춰낸다. 하지만 객관적으로 생각해 보면 옛날에는 옛날 나름의 불행이 있었다. 그리고 그 불행의 정도는 오히려 현재보다 훨씬 컸다··· 사람들에게는 자신이 이미 한 행동에 맞춰 기억을 조정하는 경향이 있다. 인지부조화, 합리화, 자아통합의 욕구로 설명할 수 있는 인간의 본질적인 속성이다. 따라서 현재 인식하는 과거는 어떻게든 보정을 거친 것으로 당시의 실제 모습이 아닐 가능성이 크다. 사람들이 과거의 기억을 바꾸는 이유는 현재 행복하기 위해서다··· 오늘, 여기서 찾을 수 없는 행복을, 지나버린 과거에서 찾는 것은 도피다. 그리고 도피로 얻은 행복은 행복이라 말하기 어렵다."

사람은 늘 현재의 기준으로 과거를 평가한다. 20대에 추억이 없다고 하면서도 그때를 그리워하는 건 앞에 이야기처럼 현재에

67

만족하지 못해서이고, 회상하는 과거는 늘 아름답기 때문이다. 게다가 누가 20대를 그리워하지 않을 수 있을까. 그저 우울하고 외롭기만 했던 젊은 날의 기억이 왜 이토록 생각난단 말인가.

문제는 과거만 그리워하며 살 수는 없다는 것인데, 내게 남은 인생을 생각해 보면 그다지 재미있는 일들이 일어날 것 같지가 않다. 우리가 살아가면서 인생을 바꿀만한 큰 사건은 거의 일어나지 않는다. 그래서 행복을 연구하는 모든 학자들이 일괄적으로 하는 말이 "행복은 지루하고 반복되는 일상에서 찾아야 한다"고 말한다. 하완의 《하마터면 열심히 살 뻔했다》에는 이런 좋은 말이 있다.

"인생을 100으로 본다면 눈에 보이는 행복한 순간들은 몇이나 될까? 즐겁고 흥분되고 설레고 성취하고, 그런 순간들은 잘해봐야 20정도나 될까? 나머지 80은 대체로 지루하고 반복적이고 별일 없이 시시하기 마련이다. 그렇다. 인생의 대부분은 시시하다. 어쩌면 만족스러운 삶이란 인생의 대부분을 이루는 이런 시시한 순간들을 행복하게 보내는 데 있지 않을까?"

해외여행을 가야 직성이 풀리고, 맛있는 것을 먹으러 가고, 쇼핑을 해야만 뭔가 스트레스가 해소되고 나에게 무언가를 보답한 느낌이 든다면 삶이 쉬울 리가 없다. 하지만 이해는 간다. 앞서도 언급했지만 어차피 자본주의 사회에서 행복은 자본에 포섭된 지 오래다. 방안에 있는다고 내가 행복해지진 않을 것이

좋은 삶은 좋은 제도 속에 있다

다. 무언가를 소비한다는 건 기분 좋은 일이다. 나를 위해 쓰는 삶, 내 가족을 위해 쓰는 일은 비록 순간적이라 해도 행복하다. 사실 쓰는 일만큼 행복한 게 없다. 하지만 최소한의 기준은 있어야 한다.

신예희의《논 지랄의 기쁨과 슬픔》에는 이런 구절이 나온다.

"세상엔 수많은 지랄이 있고 그중 최고는 단연 돈 지랄이다… 돈을 쓴다는 건 마음을 쓴다는 것이다. 그건 남에게나 나에게나 마찬가지다. 나를 위한 선물이란 상투적 표현은 싫지만 돈 지랄은 가난한 내 기분을 돌보는 일이 될 때가 있다. 내 몸뚱이의 쾌적함과 내 마음의 충족감, 이 두 가지는 세상에서 제일 중요하고 소중하지만 내가 나와 충분히 대화를 나누지 않으면 영영 모를 수도 있다."

나이를 먹는다는 건 자기 자신에 대해 알아가는 과정이다. 자신이 무엇을 잘하는지, 무엇을 못하는지, 좋아하는 것은 뭔지, 싫어하는 것은 뭔지… 그런 것들에 대해 명확하지 않으면, 몸도 정신도 고달프다. 과거만 그리워하며 살아가기엔 너무 억울하다. 과거로 가는 여행, 그것은 반드시 미래의 변화를 담보할 필요는 없지만 그렇다고 과거에만 머물러 살아가는 현재가 되어서도 안된다.

다니엘 레히티의 말대로 영영 돌아오지 않을 그 시절을 회상
하면서 우리는 삶의 의미를 새롭게 성찰해야 한다.

*

인간으로

살아가기 힘들다.

* 인간은 이야기하는 존재이다.

인간이라면 누구나 부족한 자신을 품어 안고 살아가야

하고, 삶은 계속되는 지옥일 뿐

– 프랑스 시인 폴 발레리

내가 좋아하는 영화 중 하나인 마이클 만 감독의 〈콜래트럴〉에는 다음과 같은 대사가 나온다.

"거울을 봐, 택시나 몰면서 리무진 회사를 차리는 게 꿈이라고? 돈은 얼마나 모았지? 언젠가 꿈이 이루어질 거라고? 어느 날 밤 깨어나보면 착각이었다는 걸 깨닫겠지. 절대 실현될 리 없을 거야. 앞으로도 그럴 거고, 어느새 늙어버렸을 걸, 어차피 할 생각도 없었거든. 그저 추억에 묻어두고 소파에 멍하니 앉아

좋은 삶은 좋은 제도 속에 있다

TV나 보면서 인생을 보내겠지."

살인 청부업자 빈센트가 다섯 명의 살인을 의뢰받고 LA에 도착한다. 택시기사 맥스에게 하루 동안 일을 봐야 하는데 다 보고 나서 공항까지 가주면 600달러를 더 주겠다고 제안하고 맥스는 고민하다 받아들인다. 하지만 첫 살인 때 살해당한 자가 맥스의 택시 위로 떨어지면서 일이 시작된다.

위 대사는 영화의 마지막 부분에 택시기사 맥스가 인간이 가져야 할 최소한의 양심도 없냐며 쏘아붙이자 빈센트가 한 말이다. 2004년 나온 톰 크루즈 주연의 이 영화는 단순한 오락영화이지만 곳곳에 감칠맛 나는 대사들이 많이 나온다. 영화에서 연출이 중요하다지만 사실 영화는 결국 이야기다. 시나리오가 얼마나 훌륭한지가 우선이다. 위 대사가 유독 기억에 강렬한 이유는 당시 극장에서 봤을 때 자막이 눈에 스쳐 지나가는 것이 아니라 마음에 들어와 칼날처럼 박힌 느낌 때문이었다. 그리고 마치 내 이야기처럼 느껴졌다. 하지만 세월이 지나고 나서 생각해보니 그 대사는 내 이야기가 아니라 우리 모두의 이야기란 걸 느끼게 되었다.

우리는 누구나 자기만의 섬을 가지고 산다. 자신이 무슨 일을 하건 우리는 늘 또 다른 자신을 생각한다. 현실은 택시운전사이지만 꿈은 리무진 회사를 차려 근사하게 살고픈 맥스의 생각이 그저 영화 속 이야기인가. 이 대사는 현대인의 삶을 대변해 주는 말이기도 하다. 우리는 다 그런 삶을 꿈꾼다. 하지만 영화 속과는 다른 것이 있다.

우리가 꾸는 꿈이 소파에 멍하니 앉아 TV나 보면서 인생을 보낼지라도 그런 꿈마저 없다면 인생은 너무 힘들고 외롭고 가혹하지 않을까. 이루어지지 않는 꿈이 허무하고 공허한 일일지라도, 다른 인생을 꿈꾸는 건 인간의 특권인지도 모른다. 그나마 택시기사가 리무진 회사를 차리는 건 뭔가 연관성이 있는 것처럼 보인다. 하지만 현실과 도무지 어울릴 것 같지 않은 허무맹랑한 꿈을 꾸는 현대인들이 얼마나 많은가.

나 역시 마찬가지다. 영화 속 빈센트의 말처럼 실현될 리 없고 그새 늙어버릴 것이다. 아니 이미 늙어버렸다. 저 추억 속에 묻어두고 TV나 보는 인생일지라도 다른 세상에 대한 삶은 버릴 수가 없다. 빈센트는 인생은 짧다고, 한순간에 끝난다면서 명함 받은 여자에게도 연락해 보라고 한다. 우리는 하고 싶은 것이 있으면 망설이는 데 주저 없다. 늘 망설이고 미루다가 다음을 기약한다. 하고 싶은 것이 있으면 하는 것. 이것이 인생에서 얼마나 중요한가. 우리는 무언가 갖추어져야만 시작할 수 있다고 생각한다.

실제로 그런 것들도 있긴 하다. 하지만 대부분의 사람들은 무언가를 시작하려면 심리적, 물리적 준비가 필요하다고 생각한다. 빈센트의 말대로 인생은 한순간에 지나가 버린다. 하고 싶을 때 하지 않으면 그건 하지 못한다고 생각하는 것이 낫다. 그래야 시작할 수 있는 것이다.

좋은 삶은 좋은 제도 속에 있다

과거와는 달리 일반인들도 쉽게 글 쓰고 책 내는 시대가 되었다. 준비가 되어야만 책을 쓸 수 있다면 평생 쓰지 못한다. 책 쓰기에서 가장 중요한 건 '뛰어드는 용기'라는 말에 완전히 공감할 수는 없어도 어느 정도는 사실이라는 생각이 든다. 인생에는 이런 것들이 많다. 정말 준비가 필요한 일인지 아닌지, 혹은 준비가 필요한 일처럼 보이는데 정작 준비가 없어도 되는 일은 아닌지, 잘 판단해 볼 필요가 있다.

이는 영화 속 빈센트의 말대로이다. 빈센트는 맥스에게 "내게 살인에 관해 떠들지 말라"면서, "넌 왜 리무진 회사를 시작하지도 못하고 아직 빌어먹을 택시나 몰고 있냐"고 한다. 빈센트의 말은 택시나 몰고 다니면서 리무진 회사를 차릴 생각이나 하지 말고 일단 차리고 보라는 말일 것이다. 사실 이 말은 위험천만한 말이기도 하다. 리무진 회사를 차리는 것은 소소하게 하고 싶은 것들을 하는 그런 것들과는 차원이 다르다. 명함 받은 여자에게 전화를 건다거나, 가고 싶은 곳에 여행을 간다거나 하는 등의 일과 전혀 다르다는 말이다. 회사를 차리는 것이 백화점에서 명품백을 구매하는 것이 아니지 않은가.

우리는 나이를 먹을수록 빈센트의 말처럼 "인생은 짧고 한순간에 지나간다"는 사실을 늘 기억해야 한다. 이 말을 가슴속에 새기면 자신이 무엇을 해야 할지, 더 늦기 전에 내가 무엇을 하고 싶은지 비교적 명확해진다. 어떤 것이라도 상관없다. 흥청망청 돈을 쓸 수도, 세계여행을 할 수도, 책을 낼 수도, 음식기행을 할 수도, 여자를 많이 만날 수도, 새로운 공부를 시작할 수도….

또한 자신이 처한 상황이 객관적으로 어떤 위치에 있는지 냉정하게 따지지 않으면 왜곡된 시각으로 자신의 인생을 평가할 수도 있다. 맨 앞글의 대사가 나만의 이야기라고 느낀 것 또한 그렇다. 우리의 삶을 주관적으로 판단하면 초라하고 비참해질지도 모른다. 하지만 이는 양날의 칼이다. 객관적 판단 역시 마찬가지다. 사회가 요구하는 그 평범한 기준이라는 것이 평범하게 살아서는 도저히 도달할 수가 없다. 스스로 자기 인생을 판단 내리는 것이 얼마나 위험한 일인가. 모두가 다 똑같다고 느낄 때, 나만 힘든 것이 아니라고 느끼게 될 때의 그 안도감은 돈으로 살 수 없다.

영화 속 맥스도 마찬가지이다. 빈센트의 비아냥에 "다들 그렇게 산다면서 너는 얼마나 대단하냐"고 쏘아붙이면 됐을 일이다. 그 말에 분에 못이겨 자폭행위를 해 결국 도망을 가게 되지만 현실에선 자신의 신세를 한탄해 목숨을 버리는 일이 얼마나 많은가.

영화 〈콜래트럴〉이 특별하게 느껴지는 것은 곳곳에 배치되어 있는 이런 사소하지만 뭔가를 생각하게 하는 톡톡 튀는 대사 때문이다. 이 영화는 철저한 오락영화이지만 이런 대사들이 없었다면 이 영화는 평범하다 못해 밋밋한 오락영화에 그쳤을지도 모른다. 역시 영화는 각본이다. 스티븐 스필버그 역시 최근에 영화감독이 되고 싶은 사람들에게 이런 말을 했다.

"젊은 세대 감독들을 보며 배우는 게 참 많은데 그중 하나가

좋은 삶은 좋은 제도 속에 있다

훌륭한 대본이 있어야 한다는 것이다… 관객들이 당신 작품에 집중할 수 있게 만들어 줄 수 있는 건 화면이 아니라 결국 이야기이기 때문이다."

톰 크루즈 역시 "작품을 선택하는 기준은 결국 어떤 이야기인가, 어떤 이야기가 날 끌어당기는가가 가장 중요하다"고 했다. 영화 〈아바타〉 속편으로 한국을 방문한 제임스 카메론도 이런 말을 했다. "아바타는 특수효과 기술을 키우려고 쓴 영화다. 시각효과 기술을 한차례 끌어올리려고 말이다. 하지만 그러려면 우선 스토리가 좋아야 한다… 그러니까 언제나 스토리텔링을 가장 먼저 생각해야 한다… 영화감독에게 중요한 건 재미있어 보이는 이야기를 쓰는 것이다."

이는 영화작품뿐만 아니다. 인류 역사에서도, 개인에게도 결국 남는 건 이야기이다. 자신에게 어떤 이야기가 있는지, 쉽게 말해 어떤 추억이 있는지가 자신의 삶을 말해 준다고 생각한다.

* 우리의 적은 먼 곳에 있지 않다.

평상시 역사를 이끌어가는 주체는 주류다. 지배구조와
통치 권력을 장악한 주류세력이 기존 법칙에 따라
매일매일의 일상적인 역사를 운영한다. 하지만 역사를
바꾸는 것은 비주류다. 주류는 역사를 '유지'하고
비주류는 '변화'시킨다. 역사를 유지하는 주류는 지배적
소수 엘리트이고, 비주류인 창조적 소수자가 여기에
대항하는 새로운 담론을 던져 질서를 바꾼다.

– 박정훈《약자들의 전쟁법, 이기는 약자들은 어떻게 싸우는가?》

　국가가 개인에게 얼마나 악랄하고 잔인할 수 있는지, 안보라
는 이름으로 행해진 인권유린을 보면서 미국이라는 나라가 테
러 혹은 테러범에게 가지고 있는 편견이 얼마나 심한지를 알게

된다. 영화 〈모리타니 안〉을 보면서 관타나모 수용소에서는 살아남는 것만으로도 기적이라는 생각이 들었다.

영화에서 그들은 테러리스트의 혐의를 받고 있는 자에게 악마라는 굴레를 씌웠지만 악마의 개념은 상대적이다. 서로가 가지는 입장이 다를수록 누구는 영웅이 되고 누구는 악마가 되기도 한다.

테러를 막는다는 명분으로 가하는 반인륜적인 행위를 벌이는 미국은 그들에게는 정의일지 모르겠지만, 다른 나라에서 보면 악마와 별반 다를 바 없을지도 모른다. 2023년 9월 19일 KBS 9시 뉴스에서는 관타나모에서 이뤄진 고문에 대해 보도했다. 관타나모 미 해군기지의 이름이 'CAMP JUSTICE'라고 간판을 보고 어이가 없었다. 그들은 관타나모에서 벌어지는 일들이 정말 '정의'라고 생각하고 있을까?

놀랍게도 이런 사례는 우리 주변에서도 자주 볼 수 있다. 자신은 정의라고 믿지만 정작 자신의 행위가 많은 사람들에게 얼마나 심한 피해를 주는지. 하지만 우리가 신경 써야 할 건 우리 일상을 좌우하는 소소한 것들이다. 우리가 살아가면서 영화에서처럼 거대권력이나 국가 혹은 대기업을 상대하는 일은 거의 없다. 그래서 조금은 비현실적이기도 하다. 소소하고 평범한 삶을 사는 우리들일지라도 우리 주변의 권력자들을 감시해야 한다. 이것이야말로 세상을 더욱 정의롭게 하는데 일조하는 일이며 시민의 의무이다. 우리는 이런 사소한 것들부터 관심을 가져야 한다. 거대권력과 싸우는 일보다 더 중요하기 때문이다.

　사회학자 김민섭은 계간지 《뉴필로소퍼, 일상이 권력에게 묻다》에 정말 좋은 글을 남겼다. 이 글은 소소하게 살아가는 평범한 시민들이 무엇을 중하게 여기고 살아야 하는지 보여준다.

"이제 우리는 먼 곳에 있는 권력자보다는 내 주변의 일상권력과 마주할 준비를 해야 한다… 한 국가의 헌법보다도 오히려 주변의 언어들이 한 개인의 일상을 통제하고 삶에 직접적인 영향을 미친다. 그래서 우리가 싸워야 할 대상은 국가나 대기업이라기보다는 견제받지 않는 주변의 권력자들이고 그에 당위를 부여하는 주변의 언어들이다… 우리는 그동안 주로 먼 곳의 정의와 상식을 부르짖어 왔다. 정작 주변의 일상권력을 돌아보지 않았고 무엇보다도 자신이 피해자인지 가해자인지조차 제대로 돌아보지 않았다."

　이 글은 많은 생각을 하게 한다. 우리는 늘 뉴스에서나 보는 소위 '큰 덩어리들'만 신경 쓴다. 하지만 정작 우리 주변의 작은 것들은 신경 쓰지 않거나 아예 무감각하다. 김민섭 작가는 그러면서 박상규 기자의 말을 인용한다.

"제왕이 아무리 선하고 훌륭해도 곳곳의 골목 대장이 독재라면, 내 삶은 피폐할 수밖에 없다. 골목 대장을 때려잡아야 하는 이유다. 그런데 언론과 단체는 자꾸 저 멀리 제왕만 바라보고,

삼성하고만 붙으려 한다. 작고 소소한 싸움과 대결은 시시하게 생각하고 볼품없는 것으로 여기곤 한다. 양진호는 저절로 그냥 탄생한 게 아니다. 우리가 큰 싸움만을 최고로 여기는 동안, 양진호라는 골목 대장은 괴물처럼 성장했다."

국가와 싸워 이기는 이야기는 영화처럼 극적이거나 정의롭지 않다. 국가나 대기업과 싸우다 생을 망친 이가 어디 한둘인가? 정의와 상식 같은 말들은 늘 정부나 대기업 같은 덩어리에 중점을 둔다. 그러나 현실적으로 노동자의 90% 이상은 중견, 중소기업에서 근무하며 살아가고 있다. 위의 말처럼 우리가 큰 덩어리에 신경 쓰고 있는 사이 작은 덩어리에서 벌어지는 폭력과 비정의, 비상식은 날마다 암 덩어리처럼 자라고 있다. 대기업은 잘못하면 사회적 문제가 되거나 언론에 보도도 되지만 중소기업은 그렇지도 않다. 비상식적인 중소기업, 나쁜 사장들이 얼마나 많은가.

4차 산업혁명이 이미 시작된 지금, AI가 사람의 일을 조금씩 대체하고 있고 앞으로 그 빈도는 더욱 많아질 것이다. 따라서 형편없고 질 낮은 일자리가 양산되는 것은 사회적 문제가 될 것이다. 하지만 어떻게 보면 이것은 시대의 변화의 의해 어쩔 수 없이 생기는 구조적 상황일 수도 있을 것이다. 그렇지만 정말 큰 문제는 그런 구직의 어려움을 이용하는 사장들이다. 구직의 어려움 자체가 사장들의 입지를 더욱 탄탄하게 하기 때문이다. 들어올 사람들이 많은데 내가 이 사람에게 잘해 줄 필요가 없는

81

것이다. "꼬우면 나가라"는 식이고, 선택의 여지가 없는 약자는 참고 견디게 된다. 결국 부당한 대우나 부도덕한 일에도 참는 것 말고는 방법이 없는 것이다. 약자는 이렇게 된다.

이곳에서 벌어지는 정의롭지 못하고, 부당한 일들, 그런 것들을 고스란히 참고 견뎌내야 하는 사람들을 법이 보호하지 못한다면 법은 누구를 위해 있는 건가? 사람들의 관심이든 언론이든 대기업 같은 큰 덩어리들에 집중이 되어 있지 작은 곳에서 무슨 일이 일어나는지에는 관심도 없다. 청년들이 왜 중소기업을 '좆소기업'이라고 폄훼하고 비하하는지부터 생각해 봐야 한다.

조직에서 '아니요'라고 말하는 건 쉽지 않다. 자기 몸 하나 건사하기 힘든 세상인데 처자식까지 있으면 말할 것도 없다. 하지만 소수의 목소리를 내는 사람들이 늘 세상을 바꾸어 왔다.

1955년 로자 파크스는 버스에서 백인들에게 자리 양보를 하지 않았다. 로자 파크스는 경찰에 체포되었고, 이렇게 하여 그 유명한 흑인 인권운동이 시작된 것이다. 이 사건은 세상을 바꾸어 놓았다. 옳지 않다고 생각하는 것에 대해 개인이 반기를 든 것이다. 이런 사례는 무수히 많다.

박현희는 《백설공주는 왜 자꾸 문을 열어줄까》라는 책에서 '빨간 모자 소녀'에 대해 이렇게 말했다.

"빨간 모자도 처음부터 다른 길로 샐 생각은 추호도 없었을 것이다… 세상은 우리에게 빨간 모자의 이야기를 들려주며 샛길로 새지 말라고 한다. 샛길을 선택하는 것은 인간존재로서 부여받은 운명과도 같은데, 그것을 부정하며 살라고 한다. 어른들 말씀 잘 들어 손해 볼 것 없다고 우리에게 충고한다. 우리 사회의 큰길, 즉 규칙과 질서가 사회에 자리 잡는 과정을 생각해 보자. 사회에는 어떤 의미로든 더 큰 힘을 가진 자들이 존재할 것이고, 그들은 자신에게 유리한 방식으로 질서를 만들어 나간다. 그리고 그 질서가 불변의 진리인 것처럼 세상 사람들을 세뇌한다… 지금 우리가 큰길이라고 생각한 길도 옛날에는 샛길이었던 적이 있으며, 지금의 샛길이 나중에 큰길이 되기도 한다. 다만 샛길이 큰길이 되기 위해서는 어리석은 선택을 하는 이가 필요하다. 인적도 없는 그 길에 이끌려 고생이 훤히 보이는 선택을 한 이가. 우리는 모두 샛길을 택한 이들에게 빚지며 산다."

소위 '가지 않은 길'을 간다는 건 쉬운 일이 아니다. 우리는 모두 남들이 가는 길을 선택하고 있다. 그게 안전하고 편하기 때문이다. 로자 파크스라고 샛길로 가고 싶어서 그랬겠는가. 누구나 안전하고 편안한 삶을 추구한다. 하지만 많은 사람들이 그렇게 안전하고 편안한 삶을 살아가기 위해서는 누군가의 희생이 필요하다.

영화 〈모리타니 안〉처럼 잔혹한 고문과 부당함에도 결국 이겨내고 승소를 얻어내는 일은 흔하지 않다. 나 같으면 아마도 자살했을 것이다. 그게 더 편하고 쉬운 선택이기 때문이다. 물론

2부. 인간으로 살아가기 힘들다.

아무리 힘들고 고통스러울지라도 자신의 무고함을 밝혀내는 일보다 더 중요한 일이 없다고 생각하고 이겨내는 사람 또한 많다. 우리는 실제로 그런 사람들을 뉴스에서 종종 보곤 한다. 오바마 정부에서 관타나모 수용소를 폐쇄하기로 결정했고, 바이든 대통령도 새로 취임하면서 자신의 임기 내에 폐쇄를 시키겠다고 했지만 이미 임기가 다 끝나가고 있다. 관타나모를 없애는 것보다 더 중요한 것은 수용소의 인권문제에 중점을 두고 접근하는 것이 올바른 방향 아닐까 생각한다. 그렇지 않으면 제2, 제3의 관타나모는 얼마든지 생겨날 수 있다.

* 한자를 배우는 이유는?

오늘날 한국의 중고등학교는 경쟁교육, 입시 위주
교육이 지배하는 아수라장과 같다.
이것은 당연히 청소년들이 가치평가 기준을 확립하는 데
도움이 되기는커녕 자존감에도 악영향을 미친다.

- 김태형 《가짜 자존감 권하는 사회》

    중학교 1학년 첫 한문 시간, 한문 선생님이 학생들에게 질문
했다. "한문을 왜 배워야 하는지 아는 사람?" 다들 조용했지만
몇몇 학생들은 거침없이 말을 했다. 그중에 누군가가 이런 대답
을 했다. "우리가 보통 신문 같은 것들을 볼 때 한자가 많이 나
오지 않습니까. 그럼 읽을 수 있어야 의미를 알지 않겠습니까?

그리고 거리에 간판 같은 것들도 한자가 많아 읽을 수 있어야 합니다."

난 그 대답이 정답인줄 알았다. 그때만 하더라도 신문이 지금의 인터넷 기능을 함과 동시에 엄청난 영향력이 있었으니까. 그때는 세로 읽기에다 한자도 엄청 많았다. 한자를 모르면 신문을 읽어 나가기가 어려울 정도였으니 말이다. 또 그때는 거리의 간판뿐만 아니라 실생활에도 한자가 굉장히 많이 나오던 시대였다. 여하튼 대략 그런 대답이 선생님에게 갔지만 정답은 아니었다. 결국 선생님이 직접 말을 했다. "우리가 한문을 배우는 건 한문 시간이 있어서이다."

그때의 기억은 지금도 뚜렷하다. 그때도 기발한 대답이라는 생각을 하기는 했지만 성인이 되어서 생각해 보니 정말 감탄이 나오는 대답이었다. 한문 시간이 있으니 한문을 배우는 건 당연하지 않은가.

우리는 모두 제도권에 속해 있다. 어떤 것을 배우고 배우지 않을지, 우리가 살아가면서 선택하고 배우고 살아가는 그 모든 것들이 제도권에 속해 있다. 우리가 학교에서 배우는 것 역시 시대의 산물일 수도 있다. 지금은 한문 시간이 선택과목에도 들어 있는지 잘 모르겠지만 우리는 철저히 국영수 위주로 공부를 하고 있다. 국영수가 좋은 대학에 들어갈 수 있는 중요한 과목이기 때문이다. 그렇기 때문에 학생들도 필사적으로 배우고 밤늦게까지 과외도 받는 것이다. 반대로 해석하면 우리가 지금 한자

좋은 삶은 좋은 제도 속에 있다

를 배우지 않는 것은 한문 시간이 없기 때문이다. 한때 한자를 부활시켜야 한다는 보도와 그 반대 의견을 가진 사람들의 의견 대립이 있었다. 한자를 부활해야 한다는 단체의 입장은 "우리말의 70% 이상이 다 한자이고 우리말이라도 한자를 모르면 해석이 불가능한 게 많다"는 것이었다. 반대입장은 "언어는 문맥을 가지고 해석하는 것이지 독립적인 개체로 해석되는 것이 아니다"와 같은 주장을 했다. 사실 이 둘 다 맞는 말이긴 하다.

한자를 배우기는 쉽지 않다. 금방 배울 수 있는 것도 아니고 기회비용도 생각해 봐야 할 것이다.

우리가 학교를 다니고 직장을 다니면서 영어에 투자한 시간을 생각해 보라. 한자를 배우는 게 우리말을 더 잘 해석하는 데 도움이 될 것이지만 분명한 건 앞으로 한자의 위력은 더욱 약해질 것이라는 사실이다. 더욱 중요한 건 우리말도 잘 모르는 사람도 많다는 데에 있다. 한자를 지지하는 사람들은 오히려 한자를 모르기 때문에 우리말을 모른다고 할지 모른다. 그럴 수도 있을 것이다.

한자를 배워서 말의 뜻을 더욱 잘 알면 좋겠지만 지금의 청년세대에겐 외면받고 앞으로는 더욱더 외면받을 것이다. 시대가 지날수록 한자는 점점 없어지는 추세인 것만은 틀림없다. 심지어 법전 같은 한자투성이 책들도 국회에서 알기 쉽게 순화시켜 우리말로 바꾸자는 의견이 있었고, 현재 실천 중이다. 우리는 이제 말이건 글이건 문맥을 보고 의미를 파악한다. 그리고 이웃

87

나라들이 다 한자권 나라이기 때문에 우리가 알아서 나쁠 게 없어 보이지만 살아가면서 이웃 나라들과 교류하고 가깝게 지내는 일은 사실 거의 없다.

그렇지만 너무 천편일률적인 교육만 지향한다면 그것 역시도 문제다. 그렇게 된다면 세상 역시 천편일률적인 세상이 될 것이다. 다들 국영수만 배운다면 세상의 다양성은 사라질 것이다. 누구는 한자를 배우는 사람이 있어야 하고, 누구는 과학이나 공학, 농학 등 사람들이 기피하는 학문을 배우는 사람들이 있어야 한다. 지금의 의료공백 현실을 생각하면 더욱 뼈저리게 느끼게 된다. 가뜩이나 전 세계에서 집단문화가 가장 강한 나라인 데다 모두가 다 똑같은 교육을 받고, 모두가 다 좋은 대학에 가는 것을 목표로 하고, 모두가 다 대기업이나 공무원 같은 삶을 지향한다. 남들과 다른 삶은 생각하지 않는다. 아웃사이더가 되기 싫은 것이다. 무조건 남들만 따라가는 인생은 과거 세대의 삶을 답습하는 것과 다르지 않다.

사람은 제도와 환경의 영향을 벗어나서 살 수 없다. 어쩌면 국영수 조차도 정말 필요하다기 보다는 필요하다고 느끼는 권력들에 의해 우리가 배우고 있을지도 모른다. 다시 말하지만 중학교 때 그 젊은 한문 선생님이 말한 것처럼 한문 시간이 있어서 한문을 배우는 것과 같을 수도 있을 것이다.

국영수는 꼭 필요하고 반드시 있어야 하지만 과거의 한문은 그렇지 않았던가? 우리가 평생 영어를 배워도 말 한마디 하지 못하고, 한다 해도 평생 써먹을 데 없는 환경이라면 어렸을 때부

좋은 삶은 좋은 제도 속에 있다

터 죽어라 영어에 매달릴 필요는 없지 않은가? 각자에게 필요하다고 느끼는 것에 집중할 수 있는 교육이나 각자의 개성을 추구할 수 있는 교육은 오직 북유럽만의 전유물인가.

다시 시대가 바뀌면 무슨 과목이 추가되고 무슨 과목이 삭제될지 모른다. 예전에 코딩 열풍이 분 적이 있다. 아이들에게 코딩을 가르치려는 부모들이 늘고 있고, 너도나도 코딩 배우기에 동참한다. 제4차산업 시대를 맞아 필수적으로 알아야 하는 것이라며 중학생들부터 코딩 교육 열풍이 불었다. '지나치다'는 생각이 들었던 사람이 나뿐이었을까? 누구나 자신이 잘하는 것, 하고 싶은 것을 배울 수 있는 환경이 구축되어야 한다. 다양한 사고, 다양한 삶은 거기서부터 시작된다.

성공을 위해 우리에게 필요한 것은 성공의 기우제를
지내는 것이 아니라 가장 확률 높은 방법을
추구하는 것이다.

– 김영준《멀티팩터, 노력으로 성공했다는 거짓말》

당연한 이야기이지만 사람에게는 일생을 살아가는 동안 안
좋은 일들이 수없이 일어난다. 그중에는 사소한 것도 있겠지만
인생에 큰 영향을 미칠 큰 사건들도 있다. 그냥 "재수 없다"라고
넘어가기에는 너무 타격이 크거나 되돌릴 수 없을 만큼 큰 타격
을 받게 되면 누구라도 의기소침하게 된다. 그럴 때 우리는 흔히
본능적으로 '제발, 이 일이 잘 해결되어 넘어가게 해 달라'고 마
음속으로 빌게 된다. 나 역시 중대한 문제가 닥칠 때 '아무 문제

없이 그냥 넘어갔으면' 하는 생각을 수없이 했다. 그런데 이 정도는 문제가 없다. 앞서 말했듯 사람이면 자연스럽게 바라는 바를 생각할 수 있는 것이다. 그리고 인간은 소망을 안고 살아가는 존재이기도 하다. 문제는 많은 사람들이 소원 빌기식 사고에 집착하는 경우가 많다는 것이다.

소원 빌기식 사고는 아니더라도 가장 유명하고 일반적인 말은 "괜찮아 다 잘될 거야" 같은 말이 있다. 난 이 말도 별로 좋아하지 않는데, 말을 해 주는 사람의 입장에서는 그럴 수도 있다고 보는데, 그 말을 듣고 무작정 그렇게 생각해 버리는 사람은 문제가 있지 않을까 생각한다.

난 그런 말을 되도록 안 하려고 노력하고 있고, 하더라도 신중을 기한다. 이유야 어쨌든 잘 될 거라는 믿음은 문제에 대응하는 방식에 있어 소홀해질 수 있거나 방관할 가능성이 높다. 긍정적 사고의 함정이다. 우리는 긍정은 무조건 좋고, 부정은 무조건 안 좋다고 생각하는데 인류가 지금까지 생존하고 진화해 온 것은 부정적 인식이다.

모리 히로시는《비관하는 힘》에서 이렇게 말했다.

"인간이 다른 동물보다 뛰어난 이유는 '이렇게 해도 꼭 그렇게 된다고는 할 수 없다'라는 사고방식 때문인데, 이를 '예측에 대한 비관'이라 한다. 결과의 좋고 나쁨이 아니라 예측과 계획대로 되지 않을 것을 대비한다는 의미다.

2부. 인간으로 살아가기 힘들다.

원래 인류는 사소한 것에도 걱정하는 염려증이 있었기 때문에 정글과 초원 같은 자연 속에서 생존할 수 있었다.

인간의 현명함은 최악의 사태가 발생했을 때를 가정하는 능력에서 나온다. 쉽게 말해 현대사회는 비관하는 힘으로 유지된다고 해도 과언이 아니다.

기본적으로 비관하는 것이 중대한 실수를 반복하지 않기 위한 제어장치가 된다는 생각을 따르기 때문일 것이다."

긍정이 나쁘다는 것이 아니다. 우리는 부정적 시각이나 비관이란 단어는 무조건 부정적으로 생각한다. 무조건 나쁘다고 보는 것이다. 하지만 비관이나 부정이야말로 불확실하고 험난한 세상에서 가장 큰 힘을 발휘할 수 있다. 올리버 버크먼이 쓴 《합리적 행복, 불행 또한 인생이다》라는 책에는 이런 말이 나온다.

"나쁜 일이 절대 일어나지 않을 것이라고 자신을 속이는 일이 불가능해지는 이때 '긍정적 사고'가 얼마나 효과 없는 공염불인지 분명해지기 때문이다. 행복을 연구하는 철학은 부정성만이 우리를 구원할 유일한 답이라고 주장한다… 한마디로 그들은 정말로 행복하려면 부정적인 감정도 기꺼이 경험해야 한다고 말한다."

비관보다 긍정이 위험한 이유는, 긍정제일주의는 문제의 본질을 제대로 파악할 수 없다는 것이다. 모든 현상을 그냥 '좋게 생

좋은 삶은 좋은 제도 속에 있다

각하는 것'으로 마무리 짓기 때문이다. 거기에 문제에 대응하는 의지가 있을 수 없다. 부정은 현실을 직시한다는 것이다. 인간은 그래야만 앞으로 나아갈 수 있다. 물론 긍정과 부정 모두 장단점이 있다.

우리는 한쪽만으로 세상을 살아갈 수는 없다. 결국 이 문제도 자신에게 무엇이 잘 맞는지 자신이 처한 상황을 잘 파악하는 것이 중요하다. 긍정이든 부정이든 삶을 살아가는 데 하나의 수단으로 활용하는 것이지 그것이 목적이 되어버리면 안된다. 그렇지만 평범한 일상을 살아가는 소시민들에게 긍정이나 낙관 같은 것들이 효과가 있을지조차도 의문이다.

사회비평가 에런 라이크 등은 "긍정심리학이 사회개혁에 대한 요구들을 둔화시킬 수 있다"고 우려하면서 "긍정심리학은 사회제도의 변혁을 외치기보다는 개인 스스로 변화하도록 조언하는 경향이 있다"고 주장했다. 실제로 긍정심리학은 사회 구조적 모순을 숨긴 채 개인에게 집중하는 경향이 큰데 이런 점에서 에런 라이크의 지적은 시사하는 바가 크다.

그래도 잘될 거라는 믿음을 가지는 것은 그나마 나은 편이다. 정말 큰 문제는 이것이다. '간절히 원하면 온 우주가 도와준다'와 같은 표현이다. 특히 이 표현은 황당할 뿐만 아니라 화가 나기까지 한다. 이 말은 원래 파울로 코엘료의 유명한 소설 《연금술사》에서 나왔던 대사이다. "자네가 무언가를 간절히 원할 때 온 우주는 자네의 소망이 실현되도록 도와준다네."

93

소설에서 나온 이 대사가 왜 실생활에서 아무 의심 없이 쓰였는지 난 모르겠다. 이런 사고는 앞서 말한 것과 비슷하게 그저 바라는 마음에 그칠 뿐, 문제에 대처하고 실행하는 데 소극적이 되거나, 안이하게 대처하게 만든다. 그저 무언가를 바라는 건 바라는 것에서 끝난다. 보이지 않는 그 무언가가 우리의 바람을 들어준다고 생각하면 기분이 나아질지 모르지만 상황은 변함이 없다. 그 상황을 바꾸는 건 인간의 행동이다.

랠프 루이스의 《신 없는 세계에서 목적 찾기》라는 책에서 비슷한 이유를 찾을 수 있다.

"사람의 마음은 점과 점을 잇는 일, 곧 원인과 결과, 패턴, 목적을 추론하는 일에 더할 나위 없이 능숙하다. 대부분의 사람들은 우주에 어떤 목적이 내재해 있다고 믿으며, 그중 많은 사람들은 자기 인생이 그 높은 계획의 작은 일부라고 믿는다. 이런 믿음을 가지면 우리 인생은 중요해지고, 따라서 인생에 어떤 의미가 있다고 믿게 된다. 반대로 우주가 무작위적이고 목적이 없다면 우리 인생도 궁극적으로는 무의미할 것이라는 두려움에 사로잡히곤 한다. 목적 없는 우주란 신 없는 우주라는 뜻이다. 이 우주에 목적이 있다면 끔찍한 일들이 왜 이토록 많이 일어나는지 설명하기가 난감하기는 해도, 적어도 우주가 완전히 무작위적인 곳일 리는 없다고 확신을 하면 안도감이 든다… 지금 당하고 있는 고통에 궁극적으로 어떤 뜻이 있다고 느끼면 위로가 된다."

좋은 삶은 좋은 제도 속에 있다

위의 글을 보면 왜 사람들이 소원 빌기식 사고를 좋아하는지 알 수 있다. 이런 식의 사고가 도움이 되는 것은 저자가 말했듯 안도감 정도밖에 없을 것이다. 하지만 그런 안도감은 가짜일 가능성이 크다. 또는 잠시 위안이 될 뿐이다. 득보다 실이 많을 것이다. 또한 소원 빌기식 사고는 합리적 사고를 방해하며, 비현실적인 기대감에 의지하게 만든다. 그리고 더욱 중요한 것은 그런 바람이 실제로 이루어진다거나 하지 않는다는 것이다. 만약 자신의 그런 바람으로 정말 이루어지는 일이 있다면 그건 단순한 확률의 법칙이 적용된 것이다. 이는 과학적으로도 이미 증명된 것이라고 한다.

우주에는 그 어떤 것도 없다. 우주는 차갑고 광활한 거대한 공간일 뿐이다. 거기에 그 어떤 것도 우릴 지켜보고 있다거나, 우리의 행동과 생각을 조종하고 있지 않다. 우리의 삶을 바꿀 수 있는 것은 오직 우리의 생각과 행동뿐이다. 종교를 가진 분들, 특히 교회를 다니는 분들은 이런 이야기들이 불편할지 모른다. 그래서 조심스럽고 두렵기도 하다. 참고로 나는 무신론자이지만 종교가 가지고 있는 순기능과 좋은 점들은 받아들이려고 한다. 이는 마치 내 편이 아니더라도 좋은 점은 보고 배운다는 자세를 가지고 있는 것과 같다.

파울로 코엘료의 《연금술사》 이후에는 그 유명한 베스트셀러 《시크릿》이 전 세계를 강타했다. 그 전까지 오프라 윈프리 같은 긍정주의 전도사가 전 세계적으로 어마 무시한 팬들을 보유하

95

면서 긍정주의, 낙관주의를 비롯해 소원 빌기식 사고가 절정을 이뤘다. 90년대 오프라 윈프리의 영향력은 감히 근접할 수 없을 정도였다. 오프라의 말 한마디, 행동 하나하나가 관심의 초점이 되었고, 그녀의 힘은 마치 영원히 갈 것 같았다. 예전만 못하지만 지금도 그녀의 명성은 건재하다. 그녀의 유명한 쇼, 오프라 윈프리 쇼는 그녀의 존재를 부각시키는 데 결정적인 역할을 했고 그 쇼는 25년간 방송되었다. 그녀의 다른 사업들도 승승장구하여 그녀는 어마어마한 거부가 되었다. 미국이 원래 긍정주의의 본 고장이기도 하고 미국민들 역시 선천적으로 긍정이나 낙관 같은 단어들을 지나치게 좋아하기는 했었다. 하지만 90년대 오프라 윈프리와 그 후 2000년대 《시크릿》 같은 서적이 등장하면서 긍정주의는 절정에 달했다.

도대체 《시크릿》이 어떻게 세계적으로 그렇게 많이 팔렸는지 의아스럽다. 나는 이른바 '끌어당김의 법칙'을 처음 들었을 때 황당하다 못해 '도대체 이런 것들을 사람들이 믿을까'라는 생각을 했지만, 그런 내 생각을 비웃기라도 하듯 《시크릿》은 어마 무시한 베스트셀러가 되었고, 저자 론다 번은 《시크릿》 속편을 비롯 10여권에 가까운 책을 출간했다. 모두 《시크릿》 관련 책이다. 첫 책이 그렇게 수천만 부가 팔렸는데 어떻게 후속작의 유혹을 견딜 수 있겠는가?

그렇다면 《시크릿》의 진짜 문제는 무엇인가? 난 이 책을 읽는 내내 내 눈을 의심했다. 어떻게 이 책이 수많은 사람들의 지갑을 열게 했는지, 어떻게 수많은 사람들이 이 책에 공감했는지

좋은 삶은 좋은 제도 속에 있다

도저히 믿어지지 않았기 때문이다. 마치 사이비종교의 교주가 신도들에게 전하는 메시지 같은 내용 같았고, SF소설을 읽는 듯한 느낌도 받았다.

사실 이 책을 비판하는 서구학자들도 많았다. 하지만 별로 눈에 띄지 않거나 다 묻혀버렸다. 이 책은 "자신이 원하는 것을 생각하고, 자신의 주파수를 우주에 전송하면, 당신이 원하는 것의 담긴 에너지가 그 주파수에 진동하게 되고 따라서 그게 당신에게 가게 된다"라고 한다. 책을 읽어보면 정말 기가 막힌 표현들이 너무 많다. 하나하나 다 풀어놓기가 힘들다. 이런 황당한 믿음이 어떻게 사람들을 열광시키고 방송을 타게 되었을까?

오프라 윈프리 쇼는 이 책에 날개를 달아 주었다. 사실 오프라 윈프리는 이 책이 아니더라도 이와 비슷한 표현을 수도 없이 많이 했다. 니콜 애쇼프는 자신의 책《자본의 새로운 선지자들》에서 오프라에 대해 이렇게 말했다.

"오프라를 비롯해 자수성가를 찬양하는 여러 선지자들은 개인의 성공전략을 강조함으로써 실제 우리 사회의 권력 구조와 불평등을 가벼운 것으로 치부한다. 이들은 성공의 책임을 오롯이 개인에게 떠넘긴다. 그 과정에서 사회의 여러 가지 결함은 개인의 실패로 둔갑하며 우리는 소외와 불평등에 도전하는 집단적인 변화의 비전에서 차단된다… 오프라는 자신이 인생에서 성공할 수 있었던 것은 자신이 하는 모든 일에서 뛰어났고 하느님과 영적 존재로부터 좋은 점을 끌어냈기 때문이라고 주장한

97

다.《시크릿》의 저자 론다 번이 역경을 극복하기 위해 제시하는 치유책과 유사하게, 오프라는 자신이 수십억 달러의 돈을 벌 수 있었던 것은 자신이 끌어낸 것을 우주로 다시 되돌려보내기 때문이라고 말한다… 또한 신은 복지나 우울증보다 더 큰 힘을 지닌 존재임을 깨달아야 한다고 조언했다."

오프라가 전한 수많은 그런 이야기들이 사람들에게 얼마나 도움이 되었는지도 궁금하지만, 아직도 오프라가 그런 철학을 계속 유지하고 있는지, 자신의 엄청난 인기와 막강한 영향력을 바탕으로 수십 년간 그런 이야기들을 사람들에게 전해 온 지금은 어떻게 생각하고 있는지 궁금하다.

오프라 윈프리 같은 사람은 워낙 대단하다 보니 누구도 그녀를 비판하지 않는다. 반대에 서는 것은 오히려 위험하다. 오프라를 비판했다는 그 사실만으로도 비판의 대상이 되는 것이다. 오프라 윈프리가 주장하는 것들이 정말 옳은지 그른지 공론화해서 토론하는 자리가 있었는지는 잘 모르겠다. 오프라에 열광하던 그 수많은 사람들은 지금 오프라에 대해 어떤 생각을 가지고 있는지 궁금하다. 그리고 오프라가 항상 주장하는 '긍정'은 마음먹는다고 생기는 것들이 아니다. 사회심리학자 김태형은 《가짜 행복 권하는 사회》에서 "긍정적인 감정 경험의 빈도는 그 자체를 목적으로 삼고 살아갈 때 높아지는 것이 아니라 행복한 생활에 자연히 따라오는 부수적인 결과다"라고 말했다.

개인적으로도 긍정이나 자신감 같은 것은 자신이 살아오면서 성취 경험과 비례한다고 생각한다. "뭐든 긍정적으로 생각해라" 나 "자신감을 가져라"와 같은 말은 너무 흔하게 사용하지만 그 말은 자신의 의지대로 되는 것들이 아니다. 심지어 긍정이나 자신감조차도 이제는 가진 자들이 더욱 쉽게 가질 수 있는 시대가 되었다.

잘될 것이라는 생각에는 논리가 필요 없다. 합리적 사고도 필요 없다. 그냥 잘 될 것이라 믿기만 하면 되는 것이다. 무언가를 바라는 것, 원하는 것, 이루고 싶은 것, 그런 마음은 모든 인간에게 똑같다. 하지만 그것을 실현하는 것은 앞서 말했듯 자신의 행동이다. 우리에게 주파수 따위가 있을 리 없고, 우주에도 우리가 보내는 신호를 알아차리는 그 무엇도 존재하지 않는다.

마이클 셔머는 저서 《스켑틱》에서 리처드 도킨스의 말을 빌려 이런 글을 썼다.

"우리가 관찰하는 우주에는 그 근저에 어떤 계획도, 어떤 목적도, 어떤 선이나 악도 존재하지 않으며, 단지 맹목적이고 무자비할 정도의 무관심만이 존재할 뿐이다."

난 이것이 우주의 핵심이라고 본다. 우주에 대해 가장 잘 나타내는 말이고, 우주에 대해 가장 정확하게 표현한 말이라고 본다. 오프라가 전한 이야기들을 사람들이 실천하면서 마음의 위안을 받고, 안정감을 얻을 수는 있었을지 모른다. 하지만 그건 분명 일시적일 것이다. 원하는 것만으로는 그 무엇도 이루어지

99

2부. 인간으로 살아가기 힘들다.

지 않는다. 자신이 처한 현실은 자신 스스로가 대처해야 하고 스스로 만들어가야 한다. 더 나아가 긍정주의, 낙관주의 또한 비슷한 이유로 잘 판단해서 선택해야 한다. 우리에겐 낙관과 비관, 긍정과 부정 모두가 필요하다. 긍정만을 유지하며 살 수도 없고, 부정만을 유지하며 살 수도 없다.

✻ 착한 사람, 무엇이 문제인가?

착한 사람들은 대체로 체제 순응적이다…
이러한 순응성은 분명 사회변화의 동력을 약화시킬 수
있다. 때로는 사회의 문제를 '문제'로 인식하지 못하게까지
한다… 확실히 착한 사람들은 공동체의 습속들을
무비판적으로 받아들이고, 그래서 우리 공동체가
범해왔던 차별을 별문제 없는 것으로 간주해 버리는
성향이 있다. 설령 그것을 문제로 인식한다고 해도 그것을
개선하고자 노력하지 않을 수도 있다.

– 박승억 《가치전쟁, 우리는 왜 서로 다른 세상에서 사는가?》

이 글을 보고 착하게 살아간다는 것이 공동체를 넘어 사회

에 악영향을 끼칠 수 있다는 사실을 절실히 느끼게 되었다. 사실 이건 당연한 말이기도 하다. 개인이나 조직이나 사회나 변화의 첫걸음은 문제를 인식하고 그 문제에 대처하는 것이기 때문인데, 문제를 인식하는 일은 누구나 할 수 있지만, 그 문제에 대처하는 일은 또 다른 노력을 필요로 한다. 그렇기 때문에 문제를 제기해서 말썽을 일으키는 것보다는 가만히 있는 것이 자신에게 더 유리하다고 생각하는 사람들이 대부분이다.

우리는 어딜 가도 튀는 사람들을 별로 좋아하지 않는다. 특히 그곳이 직장이면 더 그렇다. 게다가 우리나라 직장문화는 수직적인 조직문화이다 보니 튀는 사람은 질서를 깨는 사람으로 인식되어왔다. 그래도 예전보다는 많이 개선되었다고는 하지만 그 뿌리가 워낙 공고해 기존의 조직문화를 바꾸기 위해 몸부림치다 자신이 지쳐 나가떨어지는 일들이 허다하다. 특히 아시아 국가들은 집단문화를 중시하는데 우리나라는 아시아 국가 중에서도 집단문화가 독보적이다. 연공서열이나 수직적인 조직문화는 아시아에서 나타나는 유일한 조직문화 현상이다. 그런 곳에서 자기 목소리를 낸다는 것이 얼마나 힘든 일인가.

사람들은 "자신의 의견이 중요하다"라든가 "사람의 생각은 다 다를 수 있다"와 같은 말들을 쉽게 하지만 실제로 조직에 몸담고 살아가면서 자신의 의견을 말하기는 쉬운 일이 아니다. 경우에 따라서는 직장을 잃을 수도 있기 때문이다. 특히 극명하게 편이 갈리는 정치 이야기 같은 경우는 득보다 실이 크다. 그리고

좋은 삶은 좋은 제도 속에 있다

우리나라는 서구와는 다르게 조직 내에서 개인이 다른 의견을 제시한다거나 혹은 상사의 의견에 반기를 드는 일이 쉽지 않다.

그래서 우리는 착한 사람이 된다. 시키는 대로 잘 하고, 말 잘 듣고, 말대꾸나 다른 저항 없이 주어진 일에 성실히 임한다. 또 위에서는 그런 사람을 좋아한다. 누구는 좋은 사람이라는 말을 듣고 싶어하지 문제를 일으키는 사람이라는 말을 듣고 싶어하지 않는다. 회사에서 남들보다 뛰어나지 못할 때는 특히 그렇다. 일도 못하는 데 성격까지 안 좋다거나, 성실하지 않다거나 하는 말까지 들으면 그야말로 최악이기 때문이다.

다행히 나는 조용한 성격인 네다 남에게 피해 주는 것을 매우 싫어하는 성향이어서, 그런 것들이 좋게 받아들여졌다. 하지만 사회 전체로 보면 이런 성향은 당연히 좋지 않다. 조직의 개선을 방해하고, 거시적으로 본다면 국가의 진보도 더디게 한다. 나의 작은 행동 하나가 사회나 국가에 영향이 있다느니 하는 말은 우습게 들릴 수도 있다. 박승억의 책에서도 이와 비슷한 표현이 나온다.

"우리가 어떤 삶의 방식을 선호하는 것은 그것이 궁극적으로 '옳기' 때문이라기보다는 현재의 조건에서 '최선'이라고 믿기 때문이다."

우리는 뉴스에서 기업에 대항하거나 정부에 대항하다가 삶이 망가지는 사람들의 모습을 많이 본다. 누가 봐도 이기기 힘든 싸움이지만 당사자는 사활을 건다. 그렇다고 그들이 특별한 사람들도 아니다. 그 사람들이라고 왜 편하게 살고 싶은 마음이 없겠는가.

타고난 싸움꾼이라고 하더라도 그런 싸움은 삶을 피폐하게 한다. 게다가 기업이나 정부는 그런 사람들을 법으로 응수한다. 그런 싸움은 정말 힘들고 고통스럽다. 내가 하는 행위로 인하여 재산을 잃거나 징역을 살게 된다는 생각을 하는 순간, 그 싸움은 동력을 잃을 가능성이 크다.

조직이 노리는 것이 바로 그런 것이다. 법으로 사람을 옥죄는 것, 사람들이 무서워하는 것이 그런 것 아닌가.

2023년 9월 15일 〈추적 60분〉에서는 '3,160억원을 배상하라. 인생을 압류당한 사람들'이라는 제목의 사건이 방영되었다. 그 프로를 보고 있자니 나도 모르게 긴장되고 무서움이 엄습했다. '만약 내가 그런 일을 당했다면 어땠을까'라는 생각을 하니 소름이 돋기까지 했다.

권력자들이 자신의 아래 사람에게 어떻게 대하는지를 보면 그 사람의 그릇이 보인다.

박권일 외 9명이 쓴 《능력주의와 불평등》이라는 책에는 이런 구절이 있다.

"개인에게 고유한 능력이란 존재할 수 없다. 유전적 요소나 소위 타고난 재능을 인정하더라도, 유전자의 요소가 발현되는 것

좋은 삶은 좋은 제도 속에 있다

이나 어떠한 능력이 발달하는 것은 성장환경을 비롯하여 사회, 경제, 문화적 배경에 크게 좌우된다. 능력을 발휘하는 것 역시 상황과 여건에 따라 달라진다. 또한 무엇이 사회적으로 가치 있는 '능력'인지 자체가 사회상황과 기준에 따라 달라진다는 점에서도 능력은 본질적으로 사회제도와 구조의 영향을 크게 받는 개념이다. 능력은 환경적, 사회적으로 구성되는 것이며 '온전히 개인에게 속한 능력'이란 환상이다."라고 했다.

하지만 성공하고 나서 그런 것들을 인식하기란 쉬운 일이 아니다. 대개는 다 잊어버린다. 오직 내가 잘해서 성공했다는 생각이 지배하기 때문이다. 이런 생각이 위험한 것은 소위 실패한 사람들에겐 열심히 하지 않았다거나 실력이 부족하다는 프레임을 씌우기 때문이다. 내가 이룬 성공이나 부가 온전히 내가 잘나서 된 것이 아니라는 생각을 하게 되면 겸손하게 된다.

한국에서 엄청난 팬덤을 가지고 있는 하버드 교수 마이클 샌델의《공정하다는 착각》에서도 비슷한 이야기가 나온다.

"우리 자신을 자수성가하고 자기충족적인 존재로 여길수록, 우리보다 운이 덜 좋았던 사람들에 대한 배려가 힘들어진다. 내 성공이 순전히 내 덕이라면 그들의 실패도 순전히 그들 탓이 아니겠는가. 이 논리는 능력주의가 공동체 의식을 약화시키는 논리로 기능한다. 우리 운명이 개인 책임이라는 생각이 강할수록 우리가 다른 사람까지 챙길 필요를 느끼기 힘들다.

2부. 인간으로 살아가기 힘들다.

노력을 하려는 의지 자체도, 그러한 시도도, 그리고 흔히 말하는 자격이라는 것도 행복한 가정과 사회적 환경에 근거한 것이다.

우리가 성공하면 우리가 잘한 덕이며, 실패하면 우리가 잘못한 탓이다. 사기를 올려주는 말 같지만, 개인 책임에 대한 집요한 강조는 우리 시대의 불평등 상승 추세에 대응할 연대의식이나 연대책임을 떠올리기 어렵게 한다."

2023년 5월 9일 언론에서는 일제히 '의대, 서울대 신입생 5명 중 1명은 강남 3구 출신인 것으로 나타났다'는 보도가 있었다. 이제는 좀 식상한 뉴스이기도 한데 잘사는 집의 자녀가 좋은 대학에 갈 확률이 높아진다는 사실은 이제 당연하게 받아들여진다. 그래서 마이클 샌델 교수의 말은 더욱 울림이 크다.

착한 사람은 위험하다. 내면에 분노를 꼭꼭 숨겨두고 억누른다. 무언가 말하고 싶어도 용기도 자신도 없다. 그저 시키는 대로 말 잘 듣고, 조직에 순응하면서 자신의 안위만 생각한다. 사실 어느 누가 조직 생활을 하면서 큰소리 떵떵 치며 윗사람에게 할 말 다 하겠는가? 착한 사람은 감정을 억누른다고 했지만 감정을 억누르는 데는 착한 사람, 나쁜 사람이 따로 있지 않다.

어느 일터에서든 감정노동은 기본조건이다. 정도의 차이일 뿐 조직 생활 자체가 다른 사람의 생각과 마음도 같이 챙겨야 하기 때문이다. 개인주의 시대가 되었다고 해서 조직의 문화가 갑자기 바뀌는 것이 아니다. 앞서 말했듯 우리나라 조직문화는 위계가 확실하고, 수직적인 구조이기 때문에 그것 자체가 스트레스다. 싫고 부당하더라도 대부분의 사람들이 참고 견딘다.

오찬호는 자신의 책《하나도 괜찮지 않습니다》에서 이렇게 썼다.

"사회의 진보는 지금까지의 익숙한 삶과 반대되는 쪽의 목소리에 사람들이 귀를 기울일 때 가능하다. 이 과정은 갈등으로 비춰지지만 갈등이 아니라 진짜 균형을 잡기 위한 성장통일뿐이다. 노예제도가 폐지된 것도, 여성이 참정권을 얻게 된 것도, 대통령을 국민이 직접 뽑는 것도, 그리고 학생의 두발 자유도 처음에는 말도 안 되는 소리였다. 하지만 바위가 깨지든 말든 계란을 던진 걸 부끄러워하지 않았던 사람들이 있었기에 우리는 다행히 줄에서 떨어지지 않게 되었다."

단 한 명의 반대와 저항이 세상을 바꾸는 데 일조하는 것이다. 하지만 우리 모두는 그런 용기를 내는데 두려워한다. 당연하다. 그것은 본능일 수도 있다. 나 역시 정치 권력에 대해서는 자유롭게 말하지만, 내 주위의 권력에게는 소심해진다. 정치 권력은 바깥세상이고 일상의 권력은 내 안의 세상이기 때문이다. 그래서 사람들은 일터에서 부당한 지시나 괴롭힘을 당하더라도 정작 자신의 권력에게는 찍소리 못하는 것이다. 일터에서의 붕괴는 곧 자신의 세계가 붕괴됨을 의미한다. 자신의 권력에게 부

107

당하게 휘둘리더라도 일자리를 잃는 것보다는 낫다고 생각하면 참고 견디게 된다. 그래서 사람들은 박승억 작가의 주장처럼 '체제 순응적'이 된다.

'체제 순응적'이라는 표현이 나에게는 비수처럼 가슴에 꽂혔는데, 그 이유는 그 말을 떠올린 순간, 그동안 내가 겪어온 조직생활이 눈앞에 그려졌기 때문이다. 튀지 않고 무던히 같이 묻혀가는 방식을 좋아했던 나는 나이가 들고나선 조금 후회하고 있다. 그럼에도 체제에 저항하기란 어렵다. 내 일상과 삶을 쥐고 있는 권력자에게 대든다는 것은 내 일상의 균열을 의미하기 때문이다.

나 하나가 권력에 맞선다고 당장 무언가 바뀌는 것은 아닐지도 모른다. 하지만 알아두어야 할 것이 있다. 변하지 않는다고 가만히 있으면 권력은 더욱 힘을 얻고, 그 힘은 더욱 나쁜 쪽으로 기운다. 심지어는 그러한 나쁜 짓이 나쁜 짓인지조차도 모르는 상황이 올 수도 있다. 난 내 주위에서 그런 것들을 많이 보아왔다. 정말 끔찍하다. 그런 사람들이 집에 가면 좋은 아빠, 좋은 남편이 된다. 하긴 바깥에서 무슨 짓을 하는지 가족이 어떻게 알까? 가장 가까운 사람이 가장 모른다. 그래서 누군가는 총대를 메야 한다. 결국 사회는 '용기있는 소수'에 의하여 발전해 왔기 때문이다.

* 삶을 좀먹는 권태

즐겁게 보낸 시간은 낭비가 아니다.

권태로운 시간만이 낭비일 뿐이다.

- 카사노바

　1년의 개인 시간 중 타인과 보내는 시간은 어느 정도인가? 나의 경우는, 거의 없다. 삶이 무미건조할 수밖에 없는 이유다. 마치 어제를 복사해 오늘 붙여넣기 한 것처럼 일상은 다람쥐 쳇바퀴 돌 듯 반복되고 있다. 우리의 기쁨과 행복은 타인과의 관계로부터 오는 경우가 많다. 이는 행복을 다룬 서적에서도 단골로 나오는 말이기도 하다. 실제로 행복한 사람들은 어떤 성향을 가진 사람이건 타인과 보내는 시간이 많은 사람이라고 한다. 이는 어느 나라에서든 같은 현상이다.

"사람이 없다면 천국조차 갈 곳이 못된다"는 레바논의 속담은 타인과의 교류가 얼마나 중요한지 말해 준다. 어느 나라에서건, 어떤 사람이건 인간관계에서 오는 행복이 절대적이다. 세계 여러 분야의 석학들조차 사회성은 인간의 생사를 좌우하는 가장 독보적인 특성이라 하지 않았던가. 하지만 여기에는 조건이 있다. 이러한 인간관계는 자신에게 즐거움과 편안함, 심리적 만족감을 가져올 때만이 해당된다. 누구를 만나기 싫다거나, 원하지 않는 만남을 가지는 것은 그 또한 고통 아니던가. 그렇기에 타인과의 만남과 관계는 인간에게 가장 큰 행복의 원인이기도 하지만 동시에 불행의 원인이 될 수도 있다.

하지만 마크 A. 호킨스의 《당신은 지루함이 필요하다》라는 책에서는 이런 지루함을 피하기 위해 사람을 만나는 것은 최악의 선택이라고 한다.

"지루함을 회피하는 가장 극단적인 방법 중 하나가 남는 시간을 사람으로 채우는 행위다.… 외부사건에 따라 우리의 행복과 인생의 만족이 달라진다는, 이 거대하고도 무의식적인 신념은 강한 해악을 내포한 세계관이다. 이런 신념을 갖고 있으면 우리는 외부세계의 노예가 되고 타인의 기분이나 통제할 수 없는 사건에 휘둘리는 존재가 된다. 외부 사건들이 우리 인생의 만족에 영향을 끼치는 건 분명하지만, 만족과 충족이 내면에서부터 시작되어야 한다는 것을 우리는 깨쳐야 한다. 우리의 욕망을 남이 해결해 주고, 내 문제가 바깥 요인으로 해결된다면 훨씬 행복

좋은 삶은 좋은 제도 속에 있다

할 것이라고 생각하고픈 유혹을 견뎌야 한다."

우리는 지루함을 이기기 위해 끊임없이 무언가를 하려고 한다. 하지만 타인을 통해 이런 지루함을 이겨내려는 건 한계가 있다. 게다가 코로나 때 혼자 있는 능력이 얼마나 중요했는지 보라. 사람들은 가만히 있질 못한다.

일본작가 모리 히로시 역시 비슷한 말을 했다. 그는 《재미있다는 것은 무엇인가? 재미있게 살아가기 위해서는?》이라는 책에서 "다른 사람이 없으면 '재미'라는 것을 모르는 사람은 혼자가 되었을 때 지옥처럼 괴롭게 느낄 수 있을 것 같다.… 자기 혼자서 '재미'를 찾는 것이 많은 사람과 함께 있을 때의 재미보다 더욱 크고 오래간다. 나는 혼자만의 재미야말로 진짜라고 생각한다"고 말했다.

하지만 혼자서 재미를 찾는 일은 매우 어렵고, 고난도의 기술을 요한다. 나만 해도 밖에서 사람들을 만나는 것보다 집에서 책을 읽거나 인터넷을 뒤적이거나 TV를 보는 것이 더 편하고 쉽고 좋긴 하지만, 이것만으로 개인 시간을 보내기엔 너무 아쉽다는 생각이 들곤 한다. 하지만 사람을 만나지 않고는 시간을 보내지 못하는 사람들은 혼자서도 잘 지내는 사람들보다 더 불행해질 가능성이 크다고 본다.

프랑스 사상가이자 철학자인 파스칼도 이렇게 말하지 않았던가. '인간의 불행은 누구라도 방에 꼼짝 않고 있을 수 없기 때문

2부. 인간으로 살아가기 힘들다.

에 생겨난 것'이라고. 파스칼은 이러한 인간의 운명을 '비참함'이라고 부른다. 뿐만 아니라. 라르스 스벤젠은 《지루함의 철학》이라는 자신의 책에서 지루함이 인간에게 얼마나 큰 적인지를 이렇게 표현했다.

"지루함은 죽음에 대한 희미한 맛을 미리 풍긴다… 지루함이 삶에 던지는 시선 속에서 우리는 우리 자신의 무의미함을 알아차리게 된다… 지루함은 죽음과 닮았다… 삶 속의 죽음 같은 지루함보다는 차라리 절망이 낫다는 말도 있다… 지루함은 인간성을 무너뜨린다. 사람의 삶을 삶다운 것으로 만드는 의미를 빼앗아 버리기 때문이다… 지루함보다 우리 존재를 더 뒤흔드는 것이 무엇이 있겠는가?"

독일의 사회심리학자이자 정신분석학자인 에히리 프롬은 "만일 지옥이 있다면 그곳은 분명 권태로운 곳일 것이다"라고 했고, 니체는 "지루함은 신들도 싸워 이길 수 없는 것이다"라고 까지 말했다.

20살 이후 나의 인간관계를 생각해 보면 말문이 막힌다. 가장 즐거워야 할 대학 시절조차도 난 아웃사이더로 지냈다. 늘 재밌는 일상과 삶을 꿈꾸면서도 난 제대로 된 즐거움을 누려본 기억이 거의 없다. 나에게 즐거움은 무엇인가. 살아오면서 재미라는 것도, 정서적인 만족감도 충족하지 못한 채 살아왔다. 무색

좋은 삶은 좋은 제도 속에 있다

무취 인생, 권태로운 삶, 하지만 정말 힘든 인생을 살아온 사람들에게 나의 권태는 배부른 소리일지도 모른다.

그럼에도 권태는 고통과 더불어 인간의 가장 큰 적이다. 쇼펜하우어는 "인생은 고통 아니면 권태"라는 유명한 말을 남겼다. 마광수 교수도 이 말을 즐겨 사용했다. 고대철학자들부터 현대철학자들까지 권태가 고통과 더불어 인간에게 가장 큰 해악을 끼친다고 보았다. 지루함, 권태 이런 것들은 인간의 숙명과도 같지만 자본주의 소비물질사회에서 이런 것들은 등한시되어 온 것 같다.

《지루함의 철학》을 보면 "지루함에는 우울증이 갖는 심각함도 없기 때문에 심리학자들과 정신과 의사들의 관심조차 그다지 끌지 못한다"라는 표현이 나온다.

인간으로 태어난 이상 권태는 피할 수 없다. 극복 가능하지도 않다. 라르스 스벤젠 역시 자신의 책에서 페르난두 페수아의 명저 《불안의 책》을 인용하며 "지루함의 과격함은 자살로도 극복할 수 없을 정도고 오로지 무언가 절대 불가능한 것, 그러니까 아예 존재하지 않는 것 혹은 아예 태어나지 않는 것으로만 극복될 수 있을까 싶을 정도"라고 했다.

살아있다는 감각의 결여, 살아있다는 의미의 부재, 어떻게 보면 인간을 파멸로까지 몰고 갈 수 있는 권태는 즐길 거리가 넘쳐나고, 할 것들이 넘쳐나는 시대임에도 오히려 그 몸집은 더욱 커졌다. 덴마크의 실존주의 철학자 쇠렌 키르케고르는 "지루함

은 모든 악의 근원이다"라고 했고, 영국 철학자 버트런드 러셀은
"세상의 악이 대부분 지루함을 회피하다 생겨났다"고 했다. 하지
만 지루함은 악을 만들기도 하지만 선을 만들기도 한다.

　사실 즐거움을 추구한다는 건 쉽지 않다. 왜냐하면 즐겁게
사는 것 자체가 쉽지 않은 세상이기 때문이다. 이렇게 풍족한
세상에, 이렇게 재미난 게 많은 세상에 즐거움이 없다는 건 풍
요의 역설이다. 더욱 중요한 건 사람들은 자극과 쾌락만을 추구
하는 여가를 선호한다는 사실이다. 일시적인 즐거움을 추구하
고 돌아서면 다시 권태롭다.
　《권태 : 지루함의 아나토미》에서는 "배고픔과 권태의 가장 큰
차이는 배고픔이 음식으로 쉽게 해소될 수 있는데 반해, 대부
분의 평화로운 권태 해소 방법은 음악이나 미술 등과 같이 배우
는 데 특별한 기술을 요한다는 것이다"라고 했다. 이 말은 실제
로 학자들도 많이 하는 말이다. 뭔가 오랜 시간 동안 배우면서
집중할 수 있는 활동들은 권태에 좋은 대항력을 가질 수 있겠지
만, 사람들은 그런 것들에 쉽사리 접근하려 하지 않는다.
　세상이 더욱 진보할수록 사람들의 권태는 더욱 심해질 것이
다. 자극과 쾌락만을 추구하는 자본주의에서 권태는 살아남기
더욱 좋은 환경이 되었다.
　《지루함의 철학》에서 칸트는 이렇게 썼다.

　"문명화된 인간은 새로운 쾌감, 새로운 종류의 경험에 대한

끝없는 갈망으로 말미암아 지루함에 빠지게 된다. 이제 사람은 지루함에 빠져 자기 자신의 존재에 대하여, 자기가 살아 있다는 사실에 대하여 혐오감과 욕지기를 느낀다."

먹고 살기도 힘들고 바쁜 세상에 무슨 즐거움이냐고 할 수도 있겠지만, 우리가 살아가는 동안 즐거움과 재미가 없다면 그 무슨 의미인가? 아무리 혼자 있는 것이 좋다 하더라도 우리는 타인 없이 살아갈 수 없다.

집과 회사를 오가는 시간으로 1년이 채워지는 건 너무 억울하다. 요즘 같은 시대에 회사를 다니는 것만으로도 다행이지만, 회사를 다닌다고 해서 모든 삶이 만족해지진 않는다. 회사를 다니건 놀건, 무엇을 하건, 우리의 삶에는 즐거움이 필요하다. 서로 정서적 교감을 나누고, 이야기를 하고, 사랑을 하고, 연대를 하는 것이 필요하다. 인간에게는 사실상 그것이 전부다.

* 뭐? 다시 돌아가면 인생을
바꾸겠다고?

과거의 큰 사건은 고사하고 작은 사건 하나만 바뀌어도
현실이 얼마나 달라질지 우리로서는 알 길이 없다.
'그때 그렇게 했으면 좋았을걸' 하는 후회에 대한 가장
좋은 해결책은 실제로 그렇게 했더라도 어떤 일이
벌어졌을지 알 수 없다고 받아들이는 것이다…
현실에서는 더 나은 결과가 아니라 더 나쁜 결과가
나올 수도 있다.

– 줄리언 바지니, 안토니오 마카로 《인생 사용자 사전》

나의 경우에도 과거로 다시 돌아가고 싶다는 갈망은 세월이

좋은 삶은 좋은 제도 속에 있다

지나도 늘 그대로였다. 하지만 어느 날 문득 이런 생각이 들었다.

"만약 과거 20년 전으로 되돌아갈 수 있다면 뭔가 바꿀 만한 것들이 있지 않을까?"

그때로 돌아가면 난 무엇을 바꿀 수 있을까? 곰곰이 생각해 보니, 그저 만족하지 못하는 현재로 인해 과거로 회귀하고 싶은 욕망만 있을 뿐 과거로 돌아가면 딱히 무엇을 하며 어떻게 살아야 한다는 생각은 전혀 없다. 그저 젊어지고 싶을 뿐인 것이다.

30대로 돌아간다고 가정해 보자. 여전히 난 구직에 시달리고 전전긍긍한 채 불안한 하루하루를 보내고 있을 것이다. 내가 바꿀 수 있는 것이 하나도 없다. 답답한 일상에서 벗어날 수 있는 방안이나 삶을 다르게 계획하거나 실행할 수 있는 그 어떤 생각도 전혀 없다. 이런 상황에서 만약 30대로 돌아간다 한들, 도대체 그게 무슨 의미인가? 바뀐 것은 그저 나이만 달라질 뿐이다. 난 여전히 똑같은 일상을 살지도 모른다. 그런 일상이 진절머리가 나면서도 난 바꾸지 못할 것이다. 의지가 없다기보다는 어쩔 수 없는 일이다. 어쩔 수 없다는 말처럼 편한 말이 있을까. 가장 손쉬운 자기합리화이면서 가장 훌륭한 자기방어이기도 하다.

사람들은 다들 과거로 돌아가게 되면 장미빛 미래를 생각한다. "다시 돌아간다면 지금처럼 살지 않을 거야"라거나 "새로운 인생을 살 거야"라는 등, 더 젊은 자신을 항상 긍정하고 낙관한다. 하지만 이건 함정이다. 이건 이미 지나고 나서 가정하는 상

2부. 인간으로 살아가기 힘들다.

황일 뿐이다.

스포츠 경기에서 해설가들의 말이 다 옳은 것처럼 보이는 것은 이미 벌어진 다음에 지나간 상황을 설명하기 때문이다. 우리가 과거로 돌아가면 무엇을 개선하고, 무엇을 계획할 것인지는 이미 그 시간을 지나왔기 때문에 알 수 있는 것이다. 내가 30대로 돌아간다 해도 바꿀 수 있는 게 없다고 한 것은, 바꾸려고 하는 것들이 내 의지로 되는 것이 아니기 때문이다. 구직문제도, 여자를 사귀는 문제도, 삶에 관한 전반적인 문제들 모든 게 다 그렇다.

물론 의지대로 되지 않는다고 손을 놓는 행위는 더 안 좋기는 하다. 하지만 우리는 살아가면서 뭐든지 자신의 의지대로 다 할 수 있다는 신념을 가지고 살아왔다. 하기는 어렸을 때부터 우리는 그렇게 배워왔다. 노력하라. 끈기를 가져라. 포기하지 마라. 최선을 다하라 같은 말들⋯ 정말 진절머리 나는 말이기도 하지만 우리는 그렇게 하지 않으면 큰일 나는 것처럼 살아왔다.

게리 켈러와 제이 파파산이 쓴《원씽》에는 의지력에 대해 다음과 같은 구절이 나온다.

"의지력을 음식이나 잠처럼 관리해야 할 자원이라고 생각하지 않아서 자주 곤란한 상황에 처하게 된다.⋯ 의지력은 빠르게 피로해지고 휴식을 필요로 하는 속근과 같다. 대단히 힘이 세지만 지구력은 꽝이다.⋯ 의지력은 자동차에 채워둔 기름과 같다. 구미가 당기는 것에 저항할 때마다 일부를 사용하게 되어 있다.

좋은 삶은 좋은 제도 속에 있다

더 세게 저항할수록 기름통은 점점 비게 되고, 결국 기름이 완전히 떨어진다."

구디엔이 쓴 《한계를 넘는 기술》에도 비슷한 표현이 나온다.

"성공한 사람들이 정상에 올랐을 때 갖는 환상이 바로 이것이다. 자신의 생각과 의지력만 꼿꼿하다면 모든 것을 통제할 수 있다고 믿는 것 말이다.… 의지력은 근육과 같아서 많이 쓰면 피로해진다."

우리는 늘 환경과 상황의 지배하에 살고 있다. 자신의 의지대로 선택한 행동이 진정 자신의 의지가 아님을 알기란 쉽지 않다. 인간에겐 자유의지가 없다. 우리가 자유의지라고 생각한 것도 결국은 어떤 환경과 상황하에 선택된 것을 우리가 선택한 것이다.

한병철은 《심리정치, 신자유주의의 통치술》에서 이렇게 말한다.

"이제 우리는 원하는 게 무엇인지를 스스로 생각할 필요도 없다. 자본이 그것을 대신 생각해준다. 우리의 내밀한 소망을 파악한 자본의 유혹은 더욱 강력해지고, 우리는 꼭두각시처럼 자본의 암시에 따라 조종당할 위험에 처한다. 자본은 명령이나 강압을 통해서 조종하지 않는다. 자본은 다만 할 수 있는 자유를

2부. 인간으로 살아가기 힘들다.

줌으로써 하게 만들 뿐이다."

　30대로 다시 돌아간다 해도 똑같이 살 수밖에 없는 이유는 여러 가지 경우의 수를 생각해도 삶의 변화가 거의 없기 때문이다. 하지만 만약 20대로 돌아간다면 상황이 다를지도 모르겠다. 그렇게 된다면 인생 설계를 원점에서 다시 시작할 수 있기 때문이다. 그렇다면 여기서 의문이 생긴다.

　30대는 왜 안되고 20대는 왜 가능한가? 그것은 인생을 다시 시작하는 데는 나이가 절대적이지만, 어느 정도는 마음의 문제이기도 하기 때문이다. 우리 사회에서 나이가 주는 영향이 크지만 나이가 많다고 인생을 새롭게 시작할 수 없는 것은 아니다. 나는 처음부터 "나이는 숫자에 불과하다"는 유명한 광고 카피는 거짓말이라 생각했지만, 때로는 그 문구가 자신의 마음을 다잡고 새로 시작하는 데 도움이 된다면 그 또한 좋다고 생각한다. 20대에는 인생을 새로 시작할 수 있고, 30대에는 안 된다는 그 방정식은 확실히 문제이다. 오히려 40대인 지금도 나는 어떻게 하면 새롭게 인생을 시작할 수 있을까를 고민하고 있지 않은가.

　그렇지만 결론은, 20대와 40대의 나이는 인생에서 경험할 수 있는 물리적 경험이 다르다는 데에 있다. 즉 판이 다른 것이다. 나이가 중요한 한국사회에서 나이는 아무것도 아니라는 말은 기만이다. 나이는 숫자에 불과하다는 말은 그저 대기업의 광고일 뿐이다.

　　　　　　　　좋은 삶은 좋은 제도 속에 있다

20대 혹은 30대로 돌아가면 얼마나 좋을까 같은 말보다 그때로 돌아간다면 무엇을 가장 하고 싶은지, 지금은 할 수 있는 일인지 아닌지 고민하는 것이 나을 것이다. 그런 것 없이 그저 젊은 날로 돌아가고 싶다는 생각만 한다면 인생이 너무 허무하지 않은가.

* 나이 먹어 좋은 건
정말 없는 걸까?

낭비한 시간이 얼마나 소중하고 돌이킬 수 없는 것인가를,
시간을 낭비하기는 너무도 쉽다. 그 잃어버린 시간을
되찾으려 할 때, 비로소 사람들은 그 엄청난 금리에
놀라는 것이다.

– 미야베 미유키 소설 《낙원》

스무살, 그 당시 나는 빨리 나이를 먹고 싶었다. 그땐 무슨
영문인지 그런 생각이 들었다. 그때가 얼마나 좋은 때인지는 생
각조차 못한 채 말이다. 그 당시 나는 굉장히 우울했고 비관적
이었다. 마치 나이를 먹으면 그런 것들이 저절로 없어지고, 삶
에 대한 명확한 목표도 생겨나서 당시 안고 있던 불안하고 우울

좋은 삶은 좋은 제도 속에 있다

한 내 세계에서 탈출이 가능할 줄 알았다. 그런데 웬걸, 인생은 그런 게 아니었다. 나이를 먹는다고 해결되는 건 의외로 없었다. 20대에 고민하던 일들이 서른 살이 된다고 바로 없어지는 것이 아니다. 마치 고등학교를 졸업하고 대학생이 되었다고 해서 없던 지식이 하늘에서 내려와 머리 속에 꽂히지 않는 것처럼 말이다. 그저 오늘에서 내일로, 19에서 20으로 숫자만 바뀔 뿐이다.

가끔씩 내 나이를 자각하지 못할 때가 많다. TV에 나와서 인터뷰하는 30대 후반의 출연자들을 보면서 그들이 나보다 경험도 많고 어른스러워 보일 때가 많다고 느끼면서 정신이 번쩍 들곤 한다. 그들보다 내 나이가 훨씬 더 많기 때문이다. 나이 마흔을 넘기면서 난 비로소 내 나이를 실감하곤 한다. 그토록 건강하던 몸이 조금씩 이상을 느낄 때, 혹은 늙어간다는 것을 피부로 느낄 때, 내 나이를 다시 확인하곤 하는 것이다.

구직할 때도 마찬가지이다. 입사 지원을 하면 지원자들 통계가 나오는데 30대 후반이나 적게는 40대 초반 지원자들이 있으면 나도 모르게 '이 사람들 나이가 많구나'하고 생각을 하지만, 그 순간 다시 내 나이가 생각나서 깜짝 놀라기도 한다. 이런 경우는 자주 있다. 20대도 그렇지만 도대체 나의 30대는 어디로 갔을까? 그때 나는 무엇을 했을까? 도대체 나는 나이를 어떻게 먹은 걸까?

그러고 보면 내 인생에 무엇하나 건진 것이 없다는 자괴감이 들곤 한다. 공부도, 일도, 사랑도…. 대학 때는 수업을 따라가지 못했고, 극도로 내성적인 성격 탓에 친구도 거의 없었다. 졸업하고서는 일을 한 날 수 만큼이나 집에서 쉰 날도 많았다. 20대 끝자락에 시작한 직장생활은 순탄치 못했다. 그 순탄치 못한 생활은 30대도 지속됐다.

나이가 들어 삶에 초연해지는 것은 어떤 인생의 지혜를 깨달았다거나 경제적으로 풍족해졌기 때문이 아니다. 우리는 나이가 들면서 자신의 삶에 나쁜 점들을 개선하려고 하기보다는 순순히 받아들여 안고 가려고 하는 경향이 강하기 때문이다. "인간은 운명을 피할 수 없을 때, 도망칠 수 없을 때 비로소 자신의 운명에서 긍정적인 면을 발견하려고 한다"는 글을 읽은 기억이 난다. 우리나라는 좀 예외이긴 하지만 세계적으로 봤을 때 노인들의 행복도나 삶의 만족도가 높은 이유는 확실히 이와 관련이 있다고 본다.

사람들은 '지금도 늦지 않았다', '이제부터 시작이다' 와 같은 말들을 좋아한다. 하지만 엄연히 나이에 따른 혹은 그 나이에 존재하는, 할 수 있는 활동이나 생각 같은 것들이 존재한다. 지나가면 돌이킬 수 없다는 것은 그 나이 때에 경험할 수 있는, 용인될 수 있는 무언가가 있기 때문이다.

오래전 영화 〈머니볼〉 홍보차로 내한한 배우 브래드 피트가 한 말이 생각났다. 브래드 피트는 나이가 들면 자연히 지혜가

좋은 삶은 좋은 제도 속에 있다

따라와 좋다며, 젊음과 지혜 중 하나를 택하라면 자신은 지혜를 택하겠다고 했다. 난 그 기사를 보면서 그 말을 믿어야 하는지 혼란스러워 "정말?"이라고 묻고 싶었다. 나이가 들면 자연히 지혜가 따라온다는 건 사실일 수도 있고 아닐 수도 있다. 브래드 피트에겐 어떤지 잘 모르지만 보통 사람들에게 지혜는 나이가 든다고 저절로 생기는 것이 아니다. 지혜는 단순한 경험에서 나오는 판단보다 분명히 한 수 위에 있다. 살아오면서 깊은 사유와 가치관이 정립되어야 나올 수 있는 것이다.

지혜와 젊음 중 하나를 택하는 건 굉장히 어려운 일이다. 그럼에도 하나를 택하라면 나는 젊음을 택하겠다. 혹시 브래드 피트도 겉으로는 지혜가 좋다고 하면서 마음 한구석에는 여전히 젊음을 그리워하는 것은 아닐까? 최근 브래드 피트가 수억 원을 들여 성형을 해서 십여 년은 더 젊어졌다는 보도와 젊은 여자친구와 동거에 들어갔다는 보도 등을 보면, 사람은 누구에게나 젊음에 대한 갈망은 끝이 없는 것 같다.

사실 지혜는 애매모호하다. 측정할 수도 없고 달아볼 수도 없다. 반면에 젊음은 그런 게 없다. 나이 들면 지혜가 쌓인다고 생각되는 건 오히려 어릴 때다. 하지만 다 안다. 실제 나이가 들면 인생의 경험이 풍부해지지도 않을 뿐 아니라, 지혜롭게 난관을 헤쳐 나가지도 못한다. 오히려 현대인은 나이 들수록 더욱 유아적으로 되어간다. 젊을 때는 지혜를 얻고 싶어하고, 나이가

2부. 인간으로 살아가기 힘들다.

들면 젊음을 얻고 싶어하는 것을 당연하게 생각해도 될까? 지혜가 좋건, 젊음이 좋건 사람마다 다를 수는 있다. 하지만 누구든지 젊음을 부러워한다.

많이 나아지기는 했지만 솔직히 난 아직까지 내 나이에 적응이 잘 안된다. 10년 뒤에도 이런 생각이 반복될까. 결국 내가 할 수 있는 건 덜 후회하는 인생을 사는 것이다. 후회 없는 인생이 아니다. 우리는 후회 없는 인생을 살 수 없다. 어떻게 해도 후회는 될 것이다. 그렇다면 조금이라도 덜 후회할 수 있는 방향으로 나가야 할 것이다. 마크 맨슨의 《신경끄기의 기술》이라는 책에 이런 구절이 나온다.

"우리는 새로운 것을 알게 될 때 틀린 것에서 옳은 것으로 나아가는 게 아니라 틀린 것에서 약간 덜 틀린 것으로 나아간다. 또 다른 것을 알게 되면 약간 덜 틀린 것에서 그보다 약간 덜 틀린 것으로 나아간다. 이 과정이 반복된다. 우리는 끊임없이 진리와 완성을 향해 나아가지만 실제로 거기에 도달하지 못한다. 결정적인 정답을 구할 게 아니라, 오늘 틀린 점을 조금 깎아내 내일은 조금 덜 틀리고자 해야 한다."

우리는 완벽한 인생을 살 수 없다. 우리는 부족한 부분을 조금씩 인정하면서 살아가야 한다. 어제보다 나은 오늘의 내가 되겠다는 생각은 어쩌면 욕심인지도 모른다. 어떻게 매일매일 어

좋은 삶은 좋은 제도 속에 있다

제보다 진보된 오늘을 살 수 있단 말인가. 어제보다 못한 삶이어도 상관없지 않은가. 어제보다 좋은 오늘을 살려고 하면 그 삶은 힘들고 피곤하다. 그것은 내 인생은 늘 좋아야 된다는 얘기나 다름없다. 김신지 작가는 다음과 같이 말했다.

"삶의 거창한 목표 같은 걸 세워 버리면, 목표는 과대평가하고 매일의 일상은 과소평가하게 되기 때문이다. 인생에 무언가 더 중요한 것이 있고, 지금 내 삶이 미진한 거라고 여기고 싶지 않다. 지금보다 더 나아져야 그게 진정한 나라고 여기고 싶지 않다.… 사는 것마저 잘해야 할 것 같아서 아등바등 스스로를 들볶았는지도, 그래야 제대로 사는 거라고 생각했는지도, 잘 살지 않고 그냥 살아도 되는 거였는데. 무엇보다 제대로 사는 인생이라니. 그런 건 없는 데도. 그냥 살아도 된다는 것만 익혀도 인생이 훨씬 가벼워질 것 같다."

중요한 것은 언젠가 과거를 돌아봤을 때 그때의 모습보다 뭔가 진보된 자기 모습이 보인다면 그걸로 좋은 것이다. 어차피 젊음을 이길 수 없다면, 우리는 다른 것들과 싸워야 한다. 분명 나는 20년 전, 10년 전보다 지금의 상태가 낫다. 주거안정, 경제적 상황, 심리적 안정감, 일상의 만족감, 내 지식과 지혜, 나의 철학과 가치관 등 확실히 과거보다 나아졌다. 굳이 나이를 먹는 게 좋다는 걸 말하자면 이런 것이 아닐까. 그냥 무턱대고 나이 먹어 좋은 건 없다고 말하기엔 뭔가 찜찜하다.

2부. 인간으로 살아가기 힘들다.

* 나이 먹어가며 두려운 건
계속 나이를 먹는 일

사랑의 기술에 관한 수없이 많은 지침서가 출간되었음에도,

여러 번의 사랑을 거치고도 우리는 자주 사랑에 실패한다.

사랑의 경험은 복습되지 않기 때문이다.

마찬가지로 나이 드는 과정 또한 복습되지 않은 것이므로

어떤 유용한 기술을 터득할 사이가 없다.

삶이 주어진 후 바삐 살아왔고, 교육과정을 마친 이후의

성인은 나이 드는 과정에 필요한 삶의 기술과 태도를 배울

일이 많지 않다.

– 최은주《나이 듦, 유한성의 발견》

좋은 삶은 좋은 제도 속에 있다

나이 먹어가며 두려운 것은 계속 나이를 먹는다는 사실이다. 북한이 미사일을 쏜다 해도, 미래에 무엇을 하며 살아야 할지 막막해도, 소행성이 지구로 돌진한다 해도 나이를 먹어가는 것만큼 두렵지는 않다. 다시 말해 의미 없이 가는 시간만큼 두려운 것은 없다는 말이다. 우리는 한 해를 보내고 새해를 앞둔 시점에 늘 하는 말이 있다.

"시간 정말 빠르다"라든지 "일 년이 금방 지나가 버린다"나 "한 것도 없이 금방 일 년이 지났다"와 같은 말들. 사실 의미 있고 알차게 한 해를 보내는 게 얼마나 어려운 일인가.

그렇게 우리는 평생 연말이 되면 그 말들을 되풀이한다. 마치 연말이 되면 의도하지 않아도 우리 뇌가 알아서 그런 생각을 떠올려주는 것처럼 누구라도 그렇게 느끼게 된다. 아무렇지도 않게 지나가는 하루가, 일주일이 되고, 한 달이 되고, 일 년이 된다. 그런 시간을 나이가 많이 먹다 보면 담담하게 받아들이는데 그럼에도 연말이 되면 시간의 무서움을 새삼 느끼게 된다. 그리고 마음은 왠지 울지 않아도 이미 울고 난 후의 심정과 같은 기분이다.

우리는 하루 24시간이 누구에게나 공평하게 주어진다고 생각한다. 부자건 빈자건 시간은 똑같다는 것이다. 특히 옛날에 성공한 이들은 이 말을 자주 써먹었다. 하지만 당연하게도 자본주의 사회에서 24시간은 절대 공평하지 않다. 시간은 당연히 돈 주고 살 수도 있다. 가진 자들과 소위 먹고살기 바쁜 노동자의

2부. 인간으로 살아가기 힘들다.

시간이 같을 수가 없다. 그건 자본주의 원칙에 위배되기 때문이다.

아무것도 이룬 것이 없어도 인간이란 늘 욕망하는 것들이 많다. 돈 같은 물질적인 것을 원하는 건 당연한 말이겠지만 여전히 인간은 나이를 먹어도 사랑에 대한 갈망은 변함이 없다. 인간 세상을 구원하는 것은 사랑밖에 없지만 지금의 시대엔 그 사랑도 아무나 하지 못한다. 20대건 40대건 연애하기 힘든 세상인 건 분명하다. TV나 영화, 방송, 노래는 예나 지금이나 사랑 타령만 하고, 대중들의 관심으로 먹고사는 엔터테인먼트는 나이만 먹어가는 초라한 인간군상에 대해선 이야기하지 않는다.

삶은 갈수록 힘들어지고, 있는 힘껏 살아내야 겨우 평균값을 구해낸다. 인생의 반전 따윈 그저 몽상 속에서나 존재한다. 돈은 고사하고 연애조차도 꿈인 시대가 되어 버렸다. 나이 먹은 노총각은 물론 요즘은 20대조차도 그렇다. 어쩌다 이런 세상이 되어 버렸나. 누구에게나 공평하던 시간도, 일도, 그리고 사랑도 소수만 점유하게 되었다. 일자리 같은 경우는 좋은 일자리는 소수만 하게 되고, 나머지는 질 나쁘고 급여도 적은 일만 하게 될 것이다. 실제로 지금도 그렇다. 이 현상은 앞으로 더욱 격화될 것이다. 연애도 이제 소위 '모솔'이 흔한 시대다. 여러 사정에 의해 자발적인 것도 있다. 〈연애 시대〉에는 이런 대사가 나온다.

"내일이 기다려지지 않고 1년 뒤가 지금과 다르리라 기대가

좋은 삶은 좋은 제도 속에 있다

없을 때, 우리는 하루를 살아가는 게 아니라 견뎌낼 뿐이다. 그래서 어른들은 연애를 한다. 내일을 기다리게 하고, 미래를 꿈꾸며 가슴설레게 하는 것. 연애란 어른들의 장래희망 같은 것."

김찬호는《생애의 발견, 한국인은 어떻게 살아가는가》에서 연애에 대해 이렇게 말했다.

"연애가 주는 뿌듯함의 본질은 무엇일까? 현대인들은 자기가 살아있다는 증거를 찾기가 점점 어려워지고 있다.… 스스로의 뜻대로 삶을 꾸리지 못하고 정체성이 희박해지는 시대에, 연애는 존재감을 확인할 수 있는 유일한 통로처럼 여겨진다. 명령과 위계의 경직된 질서를 벗어나, 자유롭게 표현하고 소통하는 해방구가 거기서 발견된다. 그 안에서 자신은 온전한 인격체로, 더 나아가 유일하고 특별한 사람으로 확인된다. 사랑은 그러한 상호 승인을 향한 열렬한 소통이다."

어쩌면 난 남은 인생 연애를 못해볼 수도 있을 거라는 생각이 강하게 든다. 그런 생각은 마치 폭우가 쏟아지는 날 창밖으로 아무 생각 없이 비를 바라보는 느낌과 같기도 하고, 때로는 400미터를 10바퀴 뛰고 난 뒤 헐떡거리는 숨을 가누지 못할 때와 같은 느낌 같기도 하다. 연애가 어른들의 장래희망인 이유는 연애만큼 인간의 세계를 바꾸는 강력한 존재가 없기 때문이다. 사실 우리 어른들에게는 살아가면서 가슴설레는 일은 찾아보기 힘들고 무덤덤하고 지겨운 일상만 있을 뿐이다. 그런 어른에게 연애는 몸 안의 온 세포가 미쳐 날뛰는 경험이 되는 것이다.

하지만 지금 시대의 사랑은 타락했다. 그저 좋아서 만나는 연애와 사랑은 이미 오래전에 막을 내렸다. 그리고 앞서도 언급하였지만 연애는 자본시장에 잠식당했다. 연애를 하기 위한 그 모든 것들은 거대한 자본에 포섭되어 있다. 그저 좋은 것 하나만으로 만나야 할 대학 시절의 연애조차 그런데, 하물며 30, 40대 연애는 어떤가. 심지어 결혼은 말할 필요도 없다. 돈이 사랑을 말하고, 돈이 사람을 말하고, 돈이 미래를 말한다. 돈이 없으면 숨 쉬는 것조차 힘든 사회다.

삶의 의미와 성찰은 이런 사회에서는 생각하기 힘들다. 인생의 한 템포를 쉬어가도, 실패를 해도 삶이 나락으로 떨어지지 않을 때, 내일 일을 그만두더라도 당장 생계에 타격이 없을 때, 마음만 먹으면 좋은 일자리는 얼마든지 구할 수 있을 때, 비로소 우리는 자신을 돌아볼 수 있다. 그러니까 나에게 주어진 삶의 기본 조건들이 충분해야 한다는 것이다. 그 삶의 기본 조건들을 개인이 만들려 하면 힘들다. 개개인이 그런 조건을 만들기보다 사회가 그런 조건을 제시해 주는 것이 더욱 쉽고 빠르고 강력하다. 사회제도란 그런 것이어야 하고 정책 역시도 그런 방향에서 접근해야 한다.

나라가 청년들의 입장에서만 서서 그들의 삶만 생각한다면 나이 들어가는 사람들은 소외될 수밖에 없다. 이 나라에는 청년들만 있는 것이 아니다. 사실 청년들의 삶이 어렵고 힘들다고 하지만 어렵고 힘든 건 어느 세대나 마찬가지다. 그리고 지금은 과거와 달리 중년이 되거나 노인이 되어도 축적해 놓은 자산이 없다.

우리나라가 왜 노인빈곤율이 OECD 국가 중 1위인가. 많은 사람들이 모르는 사실이 있다. 우리나라에서 가장 가난한 세대는 청년세대가 아니라 노인 세대라는 사실이다. 나이가 들수록 삶이 두렵게 느껴지는 것은 나이 들수록 사회구조는 불리하게 되어 있기 때문이다. 청년들의 입장에서 중장년층은 이미 가진 자들이며 기득권층이라 할지도 모른다. 그들의 입장을 충분히 이해한다. 어쨌든 세상을 이렇게 만든 건 기성세대이다. 하지만 살기 힘든 건 나이를 가리지 않는다.

청년들은 양질의 일자리가 없다지만 중장년이 되면 양질의 일자리를 따지면 안된다. 그런 것을 따지다간 아예 일을 못하기 때문이다. 나는 중장년의 입장을 대변하는 것이 아니다. 20대건 70대건 누구나 빈곤하게 살아가는 시대에 접어들었다는 말을 하고 싶은 것이다. 국가가 사회제도를 근본적으로 개혁하지 않으면 사람들은 모두 각자도생을 할 터인데, 각자도생은 상대를 짓누르고 내가 올라서는 게임이 아니라 상대도 죽이고 결국은 자신도 죽게 되는 게임이기 때문이다.

내일을 두려워하지 않는 사회가 좋은 사회다. 나이를 먹었거나, 젊었거나 그런 강박 없이 삶을 살아가야 좋은 사회다.

2부. 인간으로 살아가기 힘들다.

* 총 없이 못사는 미국인

자기방어를 이유로 총기를 보유하기 시작했지만,

그 총을 가진 사람들로부터 나를 방어하기 위해 또 다른

총이 필요한 악순환이다. 이런 흐름 속에서 총을 만들어

팔고 총을 자유의 상징처럼 여기는 문화를 조성해

이득을 취하는 이익단체들이 미국 사회에 뿌리 깊게

자리 잡고 있다.

– 쿠키칼럼 송원석《미국의 총기규제는 정말 불가능할까?》

    미국 사회의 총기사고는 어제 오늘의 일이 아니며 총기 문제에 대한 찬반 역시 극명하게 갈린다. 미국인들의 총기 문제만큼 극명하게 양쪽으로 갈리는 분야도 많지 않을 것이다. '도대체 왜

좋은 삶은 좋은 제도 속에 있다

미국인들은 총을 그렇게도 좋아할까'라는 생각은 논외로 하더라도, 총을 가질 수 있는 자유나 권리가 있다며 총을 옹호하는 입장은 나로선 이해하기 힘들다.

몇 년 전이었던가. 미국에서 총기 휴대에 대한 찬반논란이 거세지는 가운데 학교에서 총기사고가 발생했다. 많은 학생들이 목숨을 잃고 다쳤다. 총기를 규제해야 한다는 입장이 더욱 탄력받고 거세지자 그 유명한 미국의 총기연합회는 이에 대항해 의견을 발표했는데, 그 대답이 기가 막히고 기발하다는 생각이 들었다.

총기연합회의 말은 "만약 선생님들이 총을 휴대했었더라면 아이들을 구할 수 있었을 것이다"였다. 역시 총기연합회답다는 생각이 절로 들 정도의 대답이다. 총기연합회의 로비는 총기를 규제하려는 정치인들의 앞길을 막을 정도로 어마 무시하다. 이 정도 되면 정말 답이 없다는 생각이 든다.

나는 총기연합회의 입장을 '공공은 생각하지 않고 자신의 이익만 추구하는 이기적이고 몰상식한 행동'이라고 생각한다. 선생님들이 총기를 휴대한다면 아이들을 보호할 수 있을지도 모른다. 실제로 몇 년 전 트럼프 전 대통령은 교사들도 총기를 휴대해야 한다면서, 그래야 대응을 할 수 있다고 말했다. 이 말은 언뜻 맞는 말인듯하다.

우리는 총으로 자신을, 가족을, 혹은 타인을 방어할 수 있고, 보호할 수 있다. 하지만 그것은 임시방편일 뿐이다. 그렇다면 교사들은 수업시간에 허리에 총을 차고 수업을 해야 하는가? 아

2부. 인간으로 살아가기 힘들다.

이들은 누군지도 모를 괴한이나 혹은 친구에게 총격을 받아 내가 죽을지도 모르는 공포심을 안고 수업에 임해야 하는가? 핵심은 선생님이 총을 차지 않아도, 아이들이 학교에서 총격을 받을 일 따위는 걱정하지 않아도 되는 사회를 만드는 것이다.

즉 서로를 믿지 못해 총기를 휴대하며 자신의 목숨을 지키려 하기보다는 총기를 휴대하지 않아도 되는 사회를 만드는 것이 답이라는 말이다. 민주당의 빌 클린턴과 오바마 역시 총기규제에 사활을 걸다시피 했지만 이루어내지 못했다. 그만큼 총기연합회의 영향력이 막강하지만 문제는 공화당이다. 쉽게 말하면 민주당은 죽어라 총기규제를 하려고 하고, 공화당은 죽어라 막는 것이다.

공화당이나 총기를 원하는 사람들의 말은 "총으로 자신과 가족을 보호할 자유와 권리"이다. 이 생각이 왜 위험하냐면 그렇게 된다면 결국 모든 사람들이 자신과 가족을 위해 총을 가지고 다녀야 하는 상황이 되기 때문이다. 최선의 방어를 위해 선택한 일이 결국 최악의 결과로 되어가는 것이다. 총기연합회야 자신들의 이익을 위해서 행동하는지 아니면 정말 양심에 따라 움직이는지 잘 모르겠으나 적어도 국회의원 정도면 무엇이 옳은 판단인지, 나의 이익과 정치적 편향을 넘어서서 어떤 것이 사회에 좋은 영향을 줄 수 있는지 알 수 있지 않을까.

총을 사랑하는 미국인들이 너무 많은 것도 문제이겠지만 공화당이 이 문제에 대해 '자신을 보호할 권리'를 내세우며 수십 년 동안 총기규제를 막은 것은 정말 안타까운 일이다. 더욱 중요

좋은 삶은 좋은 제도 속에 있다

한 것은 총기규제에 대해 사람들이 대부분 오해하고 있다는 것이다.

《히든 브레인》을 쓴 샹커 베단텀은 책에서 이에 대해 다음과 같이 말했다.

"총기 허용을 지지하든 반대하든 양측 모두는 집에 총을 두고 있는 사람들이 집에 총을 두고 있지 않은 사람들보다 총에 맞아 사망할 위험이 높다는 증거를 들이대도 귓등으로 흘려 버린다.… 총기로 인한 위험은 살인광이나 노상강도나 강간범에게서 비롯되는 것이 아니라 자기 총을 이용해 자신이나 자기 가족들에게 쏘는 사람들에게서 비롯되는 것이다.…

총기와 관련된 논쟁의 초점은 집에 총을 보유한 사람들이 (총을 지니고 있기 때문에) 정말 더 안전한 것인지에 맞추어져야 한다. 대답은 분명 '아니오'다. 총기사고나 자살, 가정폭력의 위험성은 낯선 사람의 손에 살해될 위험성을 능가했다.…

총을 소지하고 있을 때, 우리는 분명 더 통제력이 있다고 느낀다. 그리고 그런 통제력에 대한 느낌과 안전성을 혼동하기 쉽다.… 전미 총기연합회의 웹사이트를 방문하면 그 협회가 '사람들은 범죄자로부터 자신을 방어할 권리를 가지고 있다'는 생각에 빠져 있다는 걸 알 수 있다. 총기를 소유함으로써 자기 자신을 위험에 빠뜨릴 위험성에 대해선 결코 언급되어 있지 않다."

이런 사실을 알고 있다 해도 총을 가질 자유를 침해한다고

2부. 인간으로 살아가기 힘들다.

생각하면 어떤 논리도 통하지 않는다. 그래도 총 한 자루 정도는 집 안에 있어야 뭔가 안심이 된다고 생각을 하는 걸까? 샹커베단텀의 말대로 총기를 가지고 있으면 심리적으로 안정될 수 있을지도 모른다. 하지만 결과적으로 더 위험하다는 사실을 인정하면, 다른 판단을 할 수 있는 과정도 거쳐야 하지 않을까.

2023년 9월 23일 MBC 뉴스데스크에서는 '미국 교실에 등장한 방탄 룸, 방탄 책가방도 인기'라는 제목으로 뉴스가 나왔다. 화이트 보드를 당기면 작은 방으로 만들어지는데 방탄 대피소인 것이다. '저렇게까지 해야 하나'라고 말하고 싶지만 뉴스를 보니 어린이들의 사망원인 1위가 다름 아닌 '총기사고'라고 하니 그저 놀랍기만 하다. 그리고 다시 10월 26일 MBC 뉴스데스크에서는 올 해에 미국에서 총기사고로 목숨을 잃은 사람이 3만 5천 명을 넘었다고 보도했다.

교실에 방탄룸을 만들고, 방탄 책가방으로 총알을 막는 연습을 하는 아이들을 보니 미국인들이 이런 강박을 가지고 있으면서도 총기규제에 대해 놀라울 정도로 안이하게 대처하는 모습을 보면 안타깝다.

일본이 칼로 만들어진 나라라고 하는데, 그렇다면 미국은 총으로 만들어진 나라가 아닐까.

나도 미국인들이 얼마나 총을 사랑하는지 잘 안다. 실제 역사적으로 봐도 총은 미국인에게 있어 특별한 존재인 것만은 분명하다. 하지만 이제 더는 안된다. 그 임계점이 한참 지났다. 결국 총은 총으로 돌아오고, 총은 총을 낳기 마련이다. 미국이 총

좋은 삶은 좋은 제도 속에 있다

없는 나라가 되기까지 얼마나 많은 사람들이 죽어야 할까.

* 내가 소말리아에서
태어났다면?

적은 그를 악마라 부르고, 우린 그를 영웅이라 불렀다.

- 영화 <아메리칸 스나이퍼>

위 대사는 영화 카피로 쓰였는데 많은 것을 생각하게 한다. 난 이 영화 카피가 참 멋지다고 생각하는데, 누가 악이고 누가 영웅인지는 어느 편에 있느냐에 따라 다르기 때문이다. 실제로 영화에서도 주인공 크리스 카일에게 동료가 말한다. "그들에겐 우리가 악일 수 있다"고. 앞서 영화 <모리타니 안>에서도 이야기 했지만 선과 악을 가르는 기준은 다르다. 해적이나 테러리스트 에겐 오히려 우리가 악일 수도 있다.

사람을 규정하는 데에는 환경의 영향이 크다. 너무 환경에 중점을 두어서 불편할 수도 있겠지만 만약 당신이 소말리아에서

좋은 삶은 좋은 제도 속에 있다

태어났거나 북한에서 태어났다면 어떤 선택이 가능할까? 우리가 어디에서, 누구의 자식으로 태어나는지는 우리가 선택할 수 없다. 인간 세상에는 도덕과 윤리라는 것이 존재하지만 그런 것들이 나라와 집단에 따라 다르게 평가되고, 다르게 해석된다. 2차대전 때 일부 양심적인 독일인도 분명 있었다. 그럼에도 거의 대부분의 독일인들은 히틀러와 나치를 지지했고 유대인을 혐오했다. 그들은 당시 세계에서 가장 문명화된 민족이었고 가장 똑똑한 사람들이기도 했다. 그런 사람들이 어떻게 히틀러를 지지했는가?

해적 또한 마찬가지다. 선박을 납치해 돈을 뜯어내려는 해적에겐 그런 도덕과 윤리가 있을 수 없다. 그들에겐 오직 돈을 받아내는 것만이 중요할 뿐이다. 911 테러리스트들에게 악은 미국이다. 3,000명에 가까운 무고한 사람을 희생시키는 건 그들에게 아무 문제 되지 않는다. 서로의 세계관과 가치관이 다르며, 서로를 이해하는 것이 불가능하다. 그래서 분쟁이 생기고 전쟁이 생기고 죽고 죽이는 것이다.

톰 행크스 주연의 2013년작 영화 〈캡틴 필립스〉도 재미있게 봤다. 이 영화를 보게 된 결정적 이유는 2009년 소말리아 인근 해상에서 벌어진 화물선 피랍사건을 영화화했기 때문이다. 내용을 알고 봐도 심장이 쫄깃쫄깃해지는 경험이었고, 해적으로 나온 배우들이 너무 실감나게 연기했다. 내가 소말리아에서 태어났다면 해적이 되지 않으리란 보장이 있을까? 가족을 먹여 살리

141

는데 이 방법밖에 없다면? 실제로 영화에서 필립스는 "이 일 하지 말고 다른 일을 하지 그러냐?"고 말한다. 하지만 우두머리 해적 무세는 이렇게 말한다. "미국이라면 가능하겠지."

다른 세상에서 바라볼 때 해적이나 테러리스트가 되는 것은 자신에겐 있을 수 없는 일이라고 치부할지도 모른다. 하지만 우리가 어디에서 태어나는지는 우리의 힘으로 결정되는 것이 아니다. 우리는 태어난 곳에서 자라고, 배우고, 성장해 나가는 것이다. 그렇다고 해서 사람을 위협해 돈을 빼앗고, 테러로 사람을 죽이는 것을 환경이라는 이유로 당연시해야 된다는 말은 아니다. 단지 나는, 우리가 태어나고 자라고 배우는 환경을 무시할 수는 없다는 주장을 하고 싶을 뿐이다.

소말리아든, 2차대전 때의 독일이든, 북한이든, 구소련이든, 아니면 과거 마오쩌둥 시절의 중국이든 일반적인 상식으로는 이해하기 힘들다. 체제야 그렇다 하더라도 우리는 그 안에 살고 있는 사람들을 전혀 이해하지 못한다. 그렇다면 만약 내가 그런 나라에서 태어났다면 어땠을까? 해적이 되지 않고 지금과 같이 살 수 있을까? 나치에 굴복하지 않고, 히틀러에 반기를 들 수 있을까? 다른 세상에서 바라볼 때는 "그렇다"라고 자신 있게 말할 수 있을지도 모른다. 하지만 우리가 거기서 태어나고 자라는 동안 우리는 그 세계의 지배를 받는다. 교육, 사상, 철학, 생각 등 모든 세계관이 자기가 나고 자란 세계에서 주입된다. 우리가 북한 사람들을 이해할 수 없는 건 우리가 북한 사람이 아니기 때

좋은 삶은 좋은 제도 속에 있다

문이다. "서로의 입장을 이해하자"라는 말은 사실 공허하다. 체계가 다른 것을 넘어 서로에게 생존의 위협이 된다면 이해한다는 건 불가능하다. 우리는 그들을 바꾸기보다는 그들이 가지고 있는 시스템을 바꿀 필요가 있다.

얼마 전 인터넷 커뮤니티에서 놀라운 소식을 봤는데 실제로 소말리아의 경우 미국위성이 찍은 사진을 보니 해적활동으로 얻은 돈으로 집을 짓고 마을을 개발시켜 잘사는 동네로 바꾼 것을 확인했다. 나는 그 사진을 보고 정말 깜짝 놀랐다. 인질 협상으로 받아낸 돈으로 사람들의 거주공간을 탈바꿈시키고 마을을 번영시킨 것이다. 그들이 해적활동으로 자신들만 잘 먹고 잘산 것이 아니라 공동체를 발전시키고 살린 것이다.

문제는 탐욕이다. 더 잘 살고 싶은 마음은 미국이든 아프리카든 영역을 가리지 않는다. 영화 〈캡틴 필립스〉에서 해적이 협상을 위해 준비해 둔 돈 3만 달러를 받고 돌아갔다면 죽지 않았을 것이다. 우두머리 해적 무세 역시 마찬가지이다. 그는 33년 9개월을 선고받아 미국에서 복역 중이다. 3만 달러가 그들에게 얼마나 큰 돈인지 그들은 모르는 걸까. 선박을 납치해 몇백만 달러를 받아내니 몇만 달러는 우스웠던 것일까. 영화에서 해적 무세는 필립스에게 이렇게 말한다. "오래전에 그리스 선박을 납치해 600만 달러를 받아냈지." 그러자 필립스가 말한다. "600만 달러를? 그런데 지금 여기서 뭐하고 있지?"

심각한 장면인데 나는 그 대사를 듣고 하마터면 웃을 뻔했다. 필립스의 말이 맞다. 600만 달러를 받고도 아직 이런 짓을 하다니.

그들이 국가와 가족의 안녕과 생존을 위해, 아니면 마을의 번영을 위해 어쩔 수 없이 그 일을 한 것이라면 이 문제는 해결 가능하다. 선진국들이 아프리카인들이 번영할 수 있도록 마을과 공동체를 지원하는 일은 국제사회의 의무이기도 하다. 서구세계는 그들을 번영의 길로 나아갈 수 있도록 지원도 많이 했지만, 오래전 아프리카인들에게 잔인하고 끔찍한 짓도 많이 한 것 또한 사실이다. 나의 주장은 아프리카가 좋은 삶의 질을 누릴 수 있도록 서방세계가 도움을 많이 주어야 할 의무가 있다는 것이다.

하지만 끝없이 납치하고 위협하여 돈을 빼앗는 행위가 가족과 마을의 번영과 관계없이 그저 하나의 직업으로 고착된다면 그것은 방법이 없다. 그렇게 된다면 해적은 끝없이 선박을 찾아 돈을 마련하려고 할 것이고, 선박은 해적의 위협으로부터 어떻게든 자신의 배와 자신의 생명, 동료들의 생명을 보호하기 위해 싸울 수밖에 없을 것이다. 실제로 뉴스를 보니 선박회사들이 해적 때문에 민간 무장경비업체를 고용한다는 소식을 본 적이 있다. 이는 결국 총격전을 의미한다. 그런 가운데 사상자도 발생할 것이다. 상대방에 대한 관용과 이해만으로는 평화가 오지 않는다. 세상은 그렇게 이루어져 있다.

좋은 삶은 좋은 제도 속에 있다

3부.

*

인간에게 일은

무엇인가?

* 자기답게 사는 것이란

진정한 변화는 인간의 본성을 거스른다.

변화를 이끄는 성장의 기술은 얼마든지 배울 수 있다.

하지만 폭발적인 성장의 원동력은 스스로 깨달아야 한다.

바로 '나는 어떤 사람이 되고 싶은가'라는 깨달음에서

말이다.

– 구디엔《한계를 넘는 기술》

2012년 가산디지털단지에 있는 회사에 다닐 때 일이다. 부장의 호출로 면담이 이루어졌다. 회의실도 아니고 옥상으로 올라가자는 말에 무슨 일인가 싶었지만 난 의도를 알아차렸다. 이런저런 이야기를 하다가 부장은 일주일 안으로 스스로 변화하라고 하면서 "뼈속까지 다 바꿔라"고 하였다. 평소 내성적이고 직원들과 별로 어울리지 않았던 내가 부장의 눈에는 탐탁지 않았던 것 같다. 그놈의 "뼈속까지 다 바꿔라"는 말은 지금도 생생한데 왜냐하면 애초부터 불가능하고, 더욱 황당한 건, 그 말이 퇴사를 유도하기 위한 말이었기 때문이다.

난 결국 고민하는 척하다가 일주일 후 그만두겠다고 말하니까, 부장은 "그래 잘 생각했다"며 위로해 주었다. 날 내치기 위해서 그 말을 했는지, 아니면 정말 내가 변화가 필요하다고 느껴서 그랬는지는 잘 몰라도, 그 "뼈속까지 다 바꿔라"는 말은 지금은 말할 것도 없지만 당시도 정말 황당한 이야기였다.

인간의 변화를 이야기할 때 늘 하는 말이 있다. "사람은 변하지 않는다"와 "사람은 변하기 마련이다"인데 내 경험과 지식으로는 전자 쪽이 더 우세하지 않나 싶다. 세계적인 학술자료들을 봐도 전자 쪽이 우세한 것 같다. 남정욱의 《차라리 죽지그래》를 보면 이런 구절이 나온다.

"사람이 변하는 게 아니라 그 사람이 애초부터 가지고 있었으나 발휘되지 못했던 것이 어떤 계기를 통해 고개를 쳐들고 나왔다는 얘기다. 소심하고 꼼꼼했던 은행원이 갑자기 대중 친화적인 쇼핑 호스트로 변신했다? 변한 게 아니다. 원래 있던 기질이 우연한 기회를 통해 발휘된 것뿐이다. 그는 원래 그것을 가지고 있었던 것이다."

그런데 대중 서적 중에는 변화를 요구하는 내용의 책들이 많다. 왜냐하면 사람들은 늘 변화를 원하고 변화를 위해 그런 책을 찾기 때문이다. 그런 변화의 요구에 부응할 대중 서적은 늘 존재해 왔다. 하지만 이는 어디까지나 성공과 처세를 위한 것일 뿐, 인간의 본성은 별개이다. 최근 자기계발서에서는 "자기답게 살라"고 말하는 내용들이 많다. 왜 자기답게 사는 것이 좋을까. 자기답게 사는 것이 가장 편하고 쉽기 때문이다. 그것이야말로 자기다운 것이다. 이 말은 2010년 이후 자주 나오기 시작했는데 그 전까지만 해도 노력을 강조하고, 성실과 부지런함, 인내로 자기 자신을 탈바꿈시킨다는 이미지가 강했었다.

스스로 다른 사람이 되어 보겠다고, 변화해 보겠다고 다짐하는 건 신선하게 보인다. 무언가 좋은 것을 위해 변화하겠다는 사실은 그 자체로도 긍정적이고 낙관적이다.

그나마 이 정도는 다행이다. 남에 의해, 변화가 필요하다며 강제로 변화를 요구하는 경우에는 정말 괴로운 일상이 기다리고 있다. 그것이 선택의 여지가 없다면 그 고통은 배가 된다. 진정한 변화는 내가 아닌 다른 존재가 되려고 하는 것이 아니라 나 자신이 되기 위한 때에만 가능하다. 앞서 말했듯 그게 더 편하고 쉬운 인생이다.

나 역시도 한때는 내성적이고 과묵한 성격을 탈피하고자 몸부림친 적이 있었다. 하지만 이젠 자연스럽게 받아들인다. 달리 말하면 체념한 것인데, 현대인들은 정말 이 '체념'을 배워야 한다. 강준만 교수는 저서 《평온의 기술》에서 체념과 포기에 대해 이렇게 설명했다.

좋은 삶은 좋은 제도 속에 있다

"체념은 포기와 다르다. 포기는 본인의 의지와는 관계없이 상대의 힘에 의해 그만두는 것이고, 체념은 자신의 상황이나 환경, 능력 등 모든 조건에서 스스로 생각하고 깨달아 그것을 받아들이는 데 있다. 쉽게 말하면 포기는 상대의 힘을 아는 것이고, 체념은 자신의 힘을 아는 것이다."

우리는 살아가기 위해 각자의 페르소나를 가지고 있다. 살아가기 위해 우리는 어쩔 수 없이 페르소나, 즉 사회적 가면을 쓴다. 그런 것들이 삶을 지탱해 주기도 하지만 정신적 스트레스, 우울증, 자존감 상실, 삶의 의미 퇴색 등, 우리 삶에 치명적인 결과를 가져다준다. 결국 나이를 먹어 체념하듯이 받아들이는데 그것은 살아보니 자신의 본모습을 버리고 사는 것이 그만큼 힘들다는 반증이기도 하다. 나이 들어 삶이 긍정적으로 변하는 것도, 삶의 만족도가 급격히 올라가는 것도 삶이 좋아져서가 아니다. 그것은 나이가 들어 인생에 대한 기대치가 낮아져서이다. 오죽하면 '행복=현실/기대감'이라는 공식도 있지 않은가.

염세주의 철학자 에밀 시오랑은 《태어났음의 불편함》에서 "젊은이들에게 가르쳐야 할 유일한 사실은 삶으로부터 기대할 것이 아무것도 없다는 사실이다"라고 했다. 한민 작가의 《우리가 지금 휘게를 몰라서 불행한가》에서 "인간은 평화와 번영을 누릴 때 만족하는 것이 아니라 실제와 기대가 일치할 때 만족한다. 조건이 좋아지면 만족도가 높아지는 것이 아니라 기대치가 높아진다"고 했다. 변화해서 사는 것보다는 그대로의 내 모습을 유지하며 사는 것이 더 좋은 삶이라는 사실을 결국 깨닫는 것이다. 시대가 바뀌어 그 깨달음이 빨라지긴 했지만 왜 이런 것들은 나이가 많이 들어 깨닫게 되는 걸까?

"뼈속까지 다 바꿔라"는 말은 지금도 나의 '뼈속까지' 깊이 새겨져 있다. 나라면 그렇게 접근하지 않았을 것이다. "구체적으로 이러이러한 것과 저러저러한 것이 좋지 않으니 개선할 수 있도록 하라"든가 "너의 성격이 직장생활하는 데 좋지 않으니 이런 식으로 개선하는 것이 어떻겠느냐"라고 말이다. 그래도 안되면 해고를 하든 뭐를 하든 어쩔 수 없는 것이다.

내성적인 성격이 업무에 얼마나 영향을 끼치는지는 잘 모르겠지만 당시 나도 그나마 직업적 페르소나를 가지며 다니고 있었다. 자신의 본모습대로 살아간다고 해도 완전히 페르소나에서 벗어나긴 힘들다. 우리는 다 함께 살아가는 존재이기 때문이다. 사회성은 인간이 동물과 다른 존재임을 나타낸다. 우리는 우리 자신도 돌봐야 하지만 타인의 몸과 마음도 돌보아야 한다.

나는 오랜 세월 동안 태어남이 정말 '축복'인지 의심해 왔다. 그 생각을 나이 먹도록 일관되게 유지했는데 사람들은 삶이 힘들다고, 지겹고 끔찍하다고, 고통스럽다고 하면서도 여전히 자신이 존재하는 것에 대해 그 어떤 부정도 하지 않는다. 데이비드 베너타의 《태어나지 않는 것이 낫다》는 존재하지 않는 것이 왜

좋은 삶은 좋은 제도 속에 있다

존재하는 것보다 나은지를 말해 주는 책인데 그 책에 나오는 유대인 속담에 이런 구절이 있다. "삶은 너무나 끔찍해서 아예 태어나지 않았다면 더 나았을 것이다. 누가 그렇게 운이 좋은가? 십만 명 중에서 한 명도 찾을 수 없다."

앞서 언급한 지독한 염세주의 철학자였던 에밀 시오랑은《태어났음의 불편함》에서 "나는 태어남이란 모욕을 아직도 소화시키지 못했다"라고 했다. 사람에 따라 과격하게 들릴 수 있을지도 모르겠다. 한쪽에서는 '축복'이라고까지 말하는 사람도 있겠지만 난 '모욕'이라고 말할 수도 있어야 한다고 본다.

이 밖에 독일의 시인이자 작가였던 하인리히 하이네는 "잠은 좋고, 죽음은 더 낫다. 그러나 물론, 제일 좋은 것은 아예 태어난 적이 없는 것이다"라고 말했다. 철학자들의 이런 표현은 그들의 염세적인 성격 탓도 있겠지만, 살아간다는 것이 무엇인지에 대한 진지한 성찰을 가능하게 만든다.

✳ 일없이는 공허한 인간

과연 노동에는 목적지 없이도 여전히 도망쳐가는 시간을
견디게 하는, 인간의 기댈 언덕 같은 것이 있는 모양이다.

– 아베 코보 소설《모래의 여자》

영국 작가 새뮤얼 스마일스는 "사람이 지치는 것은 부지런히
움직일 때가 아니라 아무것도 하지 않을 때"라고 했다. 미국 시
인 게리 스나이더 역시 "우리가 할 수 있는 일 중에서 가장 힘든
일은 집에 가만히 있는 것이다"라고 했다.

나는 오랜 시간 백수로 지낸 적이 있어 시간의 무게를 잘 알
고 있다. 단순히 일을 할 수 없다는 차원을 넘어서서 삶의 의미,
시간의 의미, 인간존재의 의미를 생각하게 했다. 무언가를 하고
싶어도 무엇을 해야 할지 모르는 시간, 하루 종일 집에 있는 것

좋은 삶은 좋은 제도 속에 있다

도 지루하지만 그렇다고 딱히 나갈 일도 없다. 구직에 하루하루 몸살을 앓았던 30대에 비하면 40대인 지금은 비교적 무난한 삶을 보내고 있다. 물론 그 중심엔 일이 자리 잡고 있다. 뭘 하든 기본적으로 일이 자리 잡지 않으면 심리적으로 안정이 되질 않는다. 구직활동이 언제까지 이어질지 알 수 없다는 점, 그런 불안과 권태가 뒤섞인 일상이 매일매일 똬리를 틀며 몸집을 키우고 있었다. 그렇게 보낸 30대가 얼마인가. 그런 30대를 보내면서 40대에도 일자리만 찾다 좋은 날을 다 보낼 것이라는 불길한 예감이 늘 있었다.

거기에 비하면 40대는 30대에 비하면 모든 면에서 나은 편이다. 돈을 모아 좋은 집으로 이사하는 것도 덤이다. 가난해도 속 편한 게 낫다는 말은 분명 사실이지만, 돈이 없으면 속 편할 수가 없다는 것 또한 사실이다. 그 양쪽의 말들을 가슴속에 새기면서 난 나의 환경과 상황에 가장 적절한 하나하나를 찾아가 버려간다. 이 작업이 얼마나 중요한가.

더 나은 인생을 희망한다는 것은 인간이 가진 가장 보편적인 특징이기도 하다. 이대로 일만하면서 나이만 먹을 수 없다는 사실은 다시 날 불안하게 만든다. 하지만 권태로 얼룩진 20, 30대를 후회하면서 아파하는 일은 이제 조금씩 궤도에서 멀어지고 있다. 과거에 대한 후회와 미련을 버릴 수는 없겠지만 나이를 먹으면서 어느 정도 상쇄할 줄 아는 마음가짐이 생겼다. 얼마나 다행인가. 지나온 날을 후회만 하며 인생을 살 수 없지 않은가.

1920년대 시인 쿠르트 투홀스키가 쓴 《아침 8시》라는 산문에 나오는 글이다.

"인간은 노동을 위해 자신을 온통 지배하는 진지한 노동을 위해 세상에 존재한다. 그 노동이 의미가 있건 유해하건 유익하건 만족을 주건… 그건 상관없다. 일이 있어야 한다. 아침마다 일터로 갈 수 있어야 한다. 안 그러면 인생은 아무런 의미가 없다. 공장 전체가 가동을 멈추고 전철이 파업을 하거나 휴일이 되면, 그럼 그들은 하릴없이 앉아 뭘 해야 할지를 모른다. 안에도 밖에도 할 일이 없다. 그러니 무엇을 한단 말인가. 아무 할 일이 없는데…"

1920년대나 지금이나 노동을 대하는 인간의 모습은 100년의 시간이 훨씬 지나도 달라진 것이 없다. 일을 하지 않으면 할 일이 없다는 것 말이다.

대만계 미국인이자 변호사, 기업인이기도 한 앤드루 양은 《보통 사람들의 전쟁, 기계와의 일자리 전쟁에 직면한 우리의 선택》에서 오스카 와일드의 말을 인용해 이렇게 말했다.

"오스카 와일드는 '일은 그보다 나은 것을 할 수 없는 사람들의 도피처다'라는 말을 했다. 유감스럽게도 이 말은 우리 대부분에게 해당하는 말인 것 같다. 우리가 극복해야 할 과제는 일이 인간을 필요로 하는 것보다 인간이 일을 더 필요로 한다는 사실

좋은 삶은 좋은 제도 속에 있다

이다."

요하임 바이만의 책《당신이 행복하지 않은 이유》에는 이런
이야기도 나온다.

"어느 날 거액복권에 당첨된 아일랜드의 어느 맥도날드 직원
의 이야기가 있다. 해당 직원은 복권에 당첨되자마자 회사에 사
표를 던졌지만 몇 달 만에 제자리로 돌아와 묵묵히 햄버거 패티
를 구웠다. 거액의 당첨금을 기록적인 속도로 탕진했기 때문이
아니었다. 남 부러울 것 없는 호화저택에서 당첨금을 까먹는 것
외에는 달리 할 일이 없다는 사실, 하루하루를 시간만 죽이면서
살아가야 하는 현실에 그야말로 신물이 난 것이다. 즉 다시금 사
람들과 부대끼면서 진정한 삶을 살고 싶었던 것이다."

이 이야기를 읽고 나서 노동의 의미를 생각해 보았다. 우리는
당연히 돈을 벌기 위해 일을 하지만 사실 일은 돈을 번다는 것
이상의 의미가 있다. 앞서도 여러 번 말했지만 인간은 사회적 동
물이다. 인간은 사람들과 어울리고, 자신이 하는 일에 대해 의미
를 가질 때 보람을 느낀다. 그리고 사실 일을 하지 않으면 사람
들은 금세 권태에 빠진다.
아무것도 하지 않는다는 건 정말 힘든 일이다. 더구나 무엇을
하지 않으면 뒤처지는 듯한 이 시대를 살고 있는 현대인에게 아
무것도 하지 않는다는 건 괴로운 일이다. 그런데 여기서 이상한

155

점이 있다. 아무것도 하지 않는다는 것이 꼭 일을 하지 않으면 아무것도 하지 않는 건가? 이것이야말로 현대인이 지닌 강박 아닐까? 꼭 일을 해야만 무엇인가 하는 것이 되고, 일 이외의 활동은 의미가 없다는 건가?

4차 산업혁명이 시작되고 수많은 미래 관련 서적이 나왔지만 그 귀결은 결국 탈 노동이다. 이것은 인류에게 불행한 일인가? 전혀 그렇지 않다. 이제야말로 인류는 노동에서 벗어나 진정한 활동에 전념할 때라는 것이다. 풍요한 사회를 손에 넣은 지금의 시대, 우리는 여전히 일을 가장 중요시하고, 당연시하며 살아가고 있다.

이제는 사람들이 일은 뒷전으로 하고 다른 무언가를 하며 살아갈 시대가 된 것 같기도 한데 어째서 일은 인간의 가장 중요한 수단이 되었을까? 내가 보기엔 인류는 아직까지 노동을 떠나 일상을 살아갈 준비가 안 되어 있는 것 같다. 그 이유는 뜻밖에 권태가 아닐까 싶다. 일이 주는 의미도 분명히 있다. 앞서 맥도날드 직원 이야기도 했지만 인간은 일을 함으로써 비로소 존재의 의미를 느낀다.

일을 하지 않으면 사람들은 무엇을 해야 할지 알지 못한다. 흔히 하는 얘기가 "평일에 주말 휴일을 기다렸지만 막상 주말이 되어도 무엇을 해야 할지 모르겠다"는 말이 있는데 직장인들이라면 누구라도 공감할 내용이다. "난 주말 휴일 너무 할 일이 많아 늘 즐겁다"라고 말하는 사람은 별로 보지 못했다.

좋은 삶은 좋은 제도 속에 있다

고쿠분 고이치로는《인간은 언제부터 지루해 했을까》에 이렇게 썼다.

"문화산업은 미리 수용자에게 맞춰 정해놓은 즐거움을 산업에 이익이 되도록 사람들에게 끊임없이 공급하는 것이라고 정의한다. 사람들은 그것을 받아들이고 즐긴다.… 레저산업은 무엇을 해야 할지 모르는 사람들에게 하고 싶은 것을 제공해 주는 역할을 한다. 레저산업은 사람들의 요구나 욕망에 응하는 것이 아니라 사람들의 욕망 그 자체를 만들어낸다고도 한다.… 다들 주말 휴일을 잘 보내기 위해 레저나 여가를 즐기지만 그런 활동들이 우리가 정말 원하는 활동인지 진지하게 생각해 본 적이 있던가?"

이렇듯 사람들의 문화생활은 능동적이기보다 거의 수동적이다. 어쩌면 일은 지루한 시간과 권태를 이겨내는데 훌륭한 수단일 수도 있을 것이다. 앞서 말했듯 일 없는 인간의 일생은 아직까지는 시기상조가 아닐까? 불안하고 초조하고 답답한 일상은 백수 때만 겪는 것이 아니다. 일을 하든, 쉬든 불안은 현대인의 숙명이다. 일에 길들어진 인간이 쉽게 일을 포기할 리 없다. 인류는 일을 하며 삶을 통제해 온 것이 아니라, 일을 통해 삶을 통제당한 것이다. 쉽게 말해 일에 노예가 된 것이다. 현대인의 삶을 왜 노예라고 하는가? 그것은 행복의 기본 조건이 자유이기 때문이다. 그리고 무엇보다 현대인들은 자신이 노예인지도 모른다. 게

다가 자발적이다.

백수의 시간이 무서운 것은 집에서 놀고 있다는 데 있지 않다. 문제는 이런 시간이 언제까지 가느냐 하는 불안감이다. 기약 없이 구직활동을 해야 하고, 기약 없는 시간을 집에서 보내야 한다는 생각은 숨 막히게 한다. 노동 없는 삶을 생각할 수 없지만, 반대로 노동 없는 삶이 오길 간절히 바라는 것, 마치 놀면 편해서 좋지만 마음은 불안한 것, 그리고 일하면 좋지만 집에서 놀고 싶은 것, 현대인의 영원한 딜레마이다.

어느 나라든 줄어드는 일자리를 막지 못한다. 일자리 문제는 세계의 모든 나라들의 가장 큰 문제이지만 우리는 앞으로의 인류가 일자리를 더 이상 창출하지 못한다는 사실을 받아들여야만 한다. 인류의 가장 훌륭한 학자들이 지혜를 짜내도 일자리 문제는 극복하지 못한다고 했다. 그렇다면 국가에서 말하는, 일자리 창출이나 경제성장 따위의 말은 사실 공허하지 않은가? 국가가 앞으로 일자리를 더 이상 창출하지 못하면 그 대안은 무엇인가? 먼 미래의 일이 결코 아니다. 그렇다면 어떻게 해야 하는가?

좋은 삶은 좋은 제도 속에 있다

* 기본소득 시대는 더 이상 피해갈 수 없다.

기본소득은 낭떠러지에 대한 두려움에서 벗어날 수 있게 해준다. 궁핍과 실업의 두려움은 우리를 보이지 않는 감옥에 가둔다. "그런 일하면 너 굶어 죽기 딱 좋다. 너 그러다가 잘린다" 같은 말에 주눅 들어 원하지 않는 일을 꾸역꾸역하고 부당한 대우도 꾹 참아야만 한다면, 그것이 감옥이 아니고 무얼까.

기본소득은 우리에게 이렇게 말한다.

"그거 해도 돼, 굶지 않아" 기본소득이 있으면 우리는 미지의 일에 과감히 도전할 수 있다.

하고 싶지 않은 일에 "노" 라고 말할 힘이 생긴다.

기본소득은 우리로 하여금 삶을 되찾게 해준다.

- 오준호《기본소득이 세상을 바꾼다. 기본이 안된 사회에
기본을 만드는 소득》

앞서 말했듯 앞으로의 일자리는 불을 보듯 뻔하다. 4차 산업 혁명 시대를 맞아 일자리는 급격하게 감소하게 될 것이고, 어느 나라건 일자리를 창출하는 일은 한계에 봉착하거나 대안이 없을 것이다. 그렇다면 일자리를 만들려 하기보다 다른 대안을 찾아야 하는 게 맞는 일 아닌가. 기본소득 같은 것은 훌륭한 대안이 될 수 있다. 그래서 정말 하고 싶은 일, 내가 누리고 싶은 삶을 지향하는 것이다. 하지만 기본소득에 거부감을 가지는 사람들도 많다. 일자리를 만들어내는 데 한계가 있다는 사실을 정치인 모두 인정하면서도 정작 그 대안으로 기본소득 같은 것을 이야기하면 불편해한다. 특히 보수 쪽에서 그런 의견이 강하다. 그런데 기본소득의 재원을 어떻게 마련하는가는 전문가들 사이에서도 이미 답이 나와 있다. 기본소득의 기본원칙은 증세다.

인간은 누구든 존엄한 존재이다. 모두가 평등을 말하면서도 왜 "일하지 않는 자 먹지도 말라"라는 시대착오적인 이야기를 하는가. 우선은 경제적 자유가 주어져야 한다. 경제적 자유란 돈만을 의미하지 않는다. 돈에 얽매이지 않고 자신이 뭔가를 하고 싶은 일에 몰두할 수 있고, 투자할 수 있는 여유를 말한다. 작가

좋은 삶은 좋은 제도 속에 있다

버지니아 울프나 화가 모네 역시 경제적 지원 덕분에 세계적인 작가나 화가가 될 수 있었다. 모네는 극심한 경제적 궁핍 때문에 자살을 시도할 만큼 힘들었다. 그러던 중 복권에 당첨되었다. 비로소 모네는 자신이 그리고 싶은 그림을 마음껏 그릴 수 있게 되었다. 버지니아 울프 역시 친척으로부터 매년 500파운드를 유산으로 받아 경제적 궁핍에서 벗어나 글을 자유롭게 쓸 수 있었다.

오래전 성남시에서 청년들 대상으로 기본소득 비슷한 제도를 시행한 것으로 알고 있다. 그때 한 청년의 인터뷰가 기억에 남는데 그 청년은 기본소득으로 몇 년 만에 과일을 사 먹었다고 한다. 이는 좀 과장된 표현으로 보일 수 있으나 식비를 아끼기 위해 끼니를 편의점에서 간단히 해결하고, 고시원에서 햇볕도 들어오지 않는 좁은 방에 생활하는 청년들을 생각하면 위 발언은 충분히 이해되고도 남는다. 나 역시 마찬가지다. 20, 30대 때는 의외로 과일 사 먹기가 쉽지 않았다.

청년이 기본소득으로 과일을 사 먹었다는 말은 상황만 다를 뿐 코로나 때와도 비슷하다. 재난지원금으로 사람들은 그동안 먹지 못했던, 혹은 사지 못했던 품목을 살 수 있었다. 노동이 사라져가는 미래에 기본소득은 유일한 대안이 될 수 있다. 그리고 탈 노동 시대에 가장 걸맞는 대안이기도 하다. 그리고 꼭 기본소득이 아니더라도 다른 대안을 찾으면서 기본소득으로 접근하는 방식도 좋다고 생각한다.

지금 서울시에서 실험하고 있는 '안심 소득'은 좋은 본보기가

161

될 듯하다. 저소득층을 상대로 2022년부터 5년간 조사, 연구를 통해 효과를 검증하는데 결과에 관계없이 이런 시도가 상당히 좋다고 본다. 나는 기본소득을 주장하지만 안심소득도 찬성한다.

어쨌거나 기본소득은 모든 사람에게 똑같이 나누어주는 시스템이다 보니 정작 더 필요한 사람에게는 뭔가 아쉽다는 생각도 들만하다. 김현철의《경제학이 필요한 순간, 경제학은 어떻게 사람을 살리는가》를 보면 아직까지 기본소득은 시기상조라는 주장이 나온다.

"과감한 증세가 없다면, 기본소득은 푼돈 수준의 매우 적은 금액을 국민들에게 나누어주는, 부의 재분배 기능도, 실제적인 사회 보장 기능도 미미한 정책이 될 것입니다… 학자로서 저는 같은 재원으로 불평등 개선 효과 (부의 재분배 효과)가 월등한 안심 소득을 지지하는 쪽입니다."

이렇듯 기본소득과 안심 소득은 각각 장단점이 있고, 어느 것이 더 효과가 있는지, 어떤 것을 채용할지는 사회적 합의가 필요하다. 기본소득은 아니지만 우리는 코로나 때 일시적으로 돈을 받은 적이 있다. 코로나로 인해 기본소득의 중요성은 더욱 커졌다. 그 전까지만 하더라도 이상에 머물던 생각이 현실화되기 시작한 것이다. 하지만 넘어야 할 산이 많다. 여전히 "일하지 않는 자 먹지도 말라"와 같은 인식을 가진 사람들이 많을 것이다. 노

좋은 삶은 좋은 제도 속에 있다

동을 인간의 기본욕구처럼 받아들이며 사는 사람들에게는 기본소득이 이해하기 힘들 수도 있을 것이다. 일은 먹고 살아가기 위한 수단이지 그 자체가 목적이 될 수 없다.

영국학자이자 기본소득지구네트워크 BIEN의 설립자이자 공동대표인 가이 스탠딩은《불로소득 자본주의, 부패한 자본은 어떻게 민주주의를 파괴하는가》라는 저서에서 기본소득에 대해 이렇게 말했다.

"시대를 초월해서 수많은 경제학자, 철학자, 사회학자, 심리학자, 신학자, 정치인들이 형태는 조금씩 다르지만 기본소득을 제안했다.… 2008년 금융붕괴 이후, 정치적 성향을 불문하고 더 많은 사람이 고조되는 불평등, 불안정과 싸우기 위해 기본소득을 필수적인 것으로 보기 시작했다.… 기본소득은 인간의 활동을 '노동'이 아닌 '일'의 형태로 향하게 하고 많은 사람이 자기 시간을 더 많이 조절할 수 있게 만드는 데 기여할 것이다. 기본소득이 필요한 이유는 사회정의의 문제이기도 하지만 불평등과 불안정이 점점 위험한 수준으로 확대되는 것을 막아야 하는 절실함 때문이다."

기본소득에 대한 여러 가지 의문 가운데 가장 큰 부분을 차지하고 있는 것이 바로 재원조달이다. 그리고 일하려는 의지를 꺾는다는 것이다. 더 정확하게 표현하면 공짜 돈을 주면 일을 안 한다는 것이다. 그리고 받은 돈은 엉뚱한 곳에 쓴다는 우려

3부. 인간에게 일은 무엇인가?

다. 재원조달은 앞서 말했듯 무조건 증세가 기본이 되어야 한다.

이원재 경제평론가가 쓴《안녕하세요, 기본소득입니다》에서는 재원마련을 위해 소득세와 토지보유세, 그리고 탄소세 이렇게 세 가지가 중요한 재원이 될 것이라 했다. 소득세는 모두가 번 돈의 1%를 추가세금으로 내면 12조 원의 재원이 생기는데 그 돈은 국민 모두가 1인당 24만 원씩 받을 수 있는 금액이라고 한다. 토지보유세의 논리는 이렇다. 우리나라의 경우 2019년 한 해 동안 전체 부동산 소득이 486조 원이라 한다. 우리나라 GDP의 4분의 1에 육박하는 어마어마한 금액이다. 1인당 30~60만 원의 기본소득 지급이 가능한 금액이다. 탄소세도 마찬가지다. 배출량 7억 톤에 6만 원을 곱하면 연간 42조 원이 되는데 이걸 나누면 1인당 80만 원 정도라고 한다.

위의 세 가지에 대해서 여러 반론이 있을 수 있다. 하지만 문제가 있다고 방관하는 것이 아니라 문제가 있기 때문에 토론하고 해결하려는 자세가 필요하다.

앞서 말한 앤드루 양은 2020년 민주당 대통령 경선 후보에 나왔는데 그는 무엇보다 기본소득의 중요성을 강조했다. 그의 책《보통 사람들의 전쟁, 기계와의 일자리 전쟁에 직면한 우리의 선택》은 기본소득에 대한 우려를 씻어 줄 만한 내용들이 있다.

"정말로 돈이 많이 들어가는 것은 보편적 기본소득이 아니

좋은 삶은 좋은 제도 속에 있다

다. 바로 사회의 기능장애와 혁명이다. 보편적 기본소득은 개인과 가정이 본전이 되고도 남을 것이다.… 기본소득을 지급해도 노동시간은 줄어들지 않았거나 줄어든다고 해도 대단하지 않은 수준이었다. 노동시간이 줄어든 사람은 주로 어린아이가 있는 여자이거나 10대 청소년이었다. 이들이 아이를 돌보거나 학업을 위해 일을 조금 적게 했다면, 우려할 만한 일이라고 할 수 없을 것이다.

무언가를 성취하고 싶거나, 좋은 물건을 사고 싶거나, 자식에게 더 나은 생활환경을 제공해 주고 싶은 사람은 자유 배당을 받아도 일을 할 수밖에 없을 것이다.… 일과 관계없이 먹고 살 수 있는 돈을 받는다면, 사람들은 자신이 정말로 하고 싶은 일이 무엇인지 생각해 볼 여유가 생길 것이다.

이것이야말로 그달 그달 어떻게 생계를 유지하느냐 하는 것보다 훨씬 깊이 있고 기본적인 문제다.… 지금까지 실시한 기본소득 연구결과를 모두 살펴봐도 마약이나 알코올 사용이 증가했다는 기록은 없다. 그것보다는 장래를 낙관적으로 보게 되면서 더 나은 운명을 개척하기 위한 계획을 세우는 동기로 작용하는 경우가 많았다."

앤드루 양의 말에 공감한다. 사람은 기본적 조건이 충족되면 정신적 여유가 생긴다. 정신적 여유가 생기면 좋은 판단을 할 수 있고 건강한 삶과 좋은 삶에 대해서 생각해 볼 수 있다. 돈을 주면 일을 안 할 것이라는 사람들은 우리나라에서도 많은데 예를 들어 기본소득 백만 원이 나온다고 하면 일을 그만둘 것인가? 절대 아니라고 본다. 오히려 기본소득을 이용해 더 나은 일자리를 추구할 수 있다. 이렇게 기본소득 이야기는 찬성과 반대의 대립이 심한 정책이다. 하지만 그것은 앞서 말했듯 재원마련 같은 것들이 문제이지 기본소득 그 자체는 반대하는 사람은 많이 없다. 보수 쪽도 거의 그렇다. 그리고 4차산업 시대에는 일에 대한 개념이 바뀌었으면 한다. "인간은 꼭 일을 하며 살아야 하나"라는 명제에 대해 진지하게 성찰할 시간이 됐다.

복권 당첨 후 일터에 다시 복귀한 아일랜드의 맥도날드 직원은 공동체가 그리웠던 것이지 일 자체를 그리워한 건 아니다. 실제로 우리나라 사람 역시 복권 당첨 후 일을 그만두겠다는 사람은 거의 없었다. 일이 좋아서 그런 걸까? 물론 그런 사람도 있을 것이다. 하지만 앞서 말했듯 일을 단순히 일로만 바라봐서는 안된다. 그리고 앞의 아일랜드 맥도날드 직원처럼 일을 그만두고 집에서 돈이나 쓰면서 살면 행복할까? 이 문제는 노동 없는 앞으로의 미래에 가장 큰 위협이자 걱정거리이다.

"나는 일없이는 살 수 없다"라고 말하는 사람들은, 정작 자신의 말이 일 그 자체인지 또는 다른 무엇인지 잘 생각해 봐야 한다. 대부분의 사람들이 일을 먹고 살기 위한 수단으로 인식하는데, 먹고 살기 위한 수단이 마련된다면 일의 개념은 바뀌어야 한다. 앞으로의 노동은 먹고 살기 위해 할 수 없이, 억지로 하는 일에서 탈피해야 한다. 실제로 세계적인 학자들은 기본소득 도입으로 인해 인간은 스스로 좋아하는 일과 창의적인 일에 매진할 수 있다고 주장한다. 이 개념은 방대해서 간략히 설명할 수는 없지만 노동 없는 삶에 대한 인류가 앞으로의 나아갈 길을 말하고 있다는 점만은 분명하다.

결국 인간은 경제적 압박에서 벗어나 자유를 어떻게 활용하고 여가를 어떻게 보내야 할지를 고민해야 할 시기가 된 것이다. 일에 인생이 저당 잡히면 일 없이는 아무것도 할 수 있는 일이 없게 된다. 우리 삶에는 일만 있는 것이 아니다. 우리 인생의 목적은 즐겁고 건강하게 재미있게 사는 것이다. 즐거움과 의미가 없는 인생은 공허할 뿐이다. 인류는 이제 노동 없는 삶을 대비해야 한다.

＊ 배고픔은 존재의 의미를 알게 된다.

가지 않은 길에 대한 후회는 누구에게나 존재한다.
삶이란 결코 원하거나 꿈꾸는 대로 살아갈 수 없다는
사실을 인정한다면 후회를 줄이고 있는 그대로의 생을
끌어안을 수 있게 된다.

– 더글라스 케네디《빅 퀘스천, 대답을 기대할 수 없는 큰 질문들》

오래전 영화감독 박찬욱의 에세이《몽타주》를 읽다가 이런 구절이 눈에 띄었다.

"장가는 갔고 독에 쌀은 떨어지고 하여, 조감독 그만두고 월급쟁이가 되기로 하였다. 값싼 외화를 들여다가 큰 회사에 이문

좋은 삶은 좋은 제도 속에 있다

붙여 되팔거나 재주껏 개봉시키는 일을 하는 구멍가게였다. 자막도 번역하고 보도자료도 만들고 극장기획실도 찾아다니고 포스터 디자인도 하고 광고카피까지 지어가며 밥을 먹었다."

오래전 이 책을 읽었어도 다른 건 다 잊어버려도 위의 구절만은 잊혀지지가 않았다. 영화 스탭들의 열악한 환경이 주목받기 시작한 건 오래전 일이 아니다. 수많은 사람들이 꿈을 이루기 앞서 먼저 떨어져 나가는 이유는 결국 꿈만 가지고는 현실을 버텨내기 힘들기 때문이다. 그래서 한동안 영화 스탭이나 작가들의 자살 소식이 뉴스에 종종 등장하곤 했다. 배우들 역시 말할 것도 없다.

2011년 시나리오 작가이자 영화감독인 최고은씨의 사망 소식은 정말 충격이었다. 이 사건은 뉴스에서 크게 보도가 되었는데, 그 이유는 그녀가 다름 아닌 생활고로 인해 굶어 죽었기 때문이었다. 30대 초반이었던 그녀가 집주인에게 남긴 쪽지는 쌀이나 김치를 조금 얻을 수 있냐는 글이었다. 가슴이 뭉클하고 쓰렸다.

먹는 즐거움은 누구에게나 똑같다. 하지만 누구에게는 기쁨이지만 누구에게는 곤혹이다. 인간은 누구나 두끼 혹은 세끼를 먹어야 한다. 그리고 인간은 밥만 먹고 살 수는 없다. 이 사실은 가지지 못한 자, 경제적 빈곤을 겪는 자들에겐 상당한 고통이다.

만화《먹는 존재》는 배고픔이라는 것이 어떤 것인지 재미있게 나타냈다.

169

"아, 짜증나. 내가 뭐 주색을 탐했어, 명품으로 전신을 처바르
길 했어? 세끼 밥 먹고 숨 좀 쉬었을 뿐인데 돈이 눈 녹듯 사라
져버렸다고! 하여간 배고픔이란 질 낮은 양아치 새끼 같은 거야.
웬만한 악질도 하루 3회 이상 수금하진 않는데 이 새낀 아주 어
김도 없고 무엇보다 평생을 따라다니니. 인간의 비효율성에 새
삼 분통이 터진다. 만물의 영장이면 씨발 광합성 정도는 할 줄
알아야 되는 거 아냐! 왜 꼭 일해서 밥을 벌어먹어야…"

나는 대학을 졸업하고 처음 들어간 회사에서 만난 동료와 아
직까지 가깝게 지낸다. 그 친구는 나보다 4개월 정도 늦게 들어
왔지만, 학교도 좋은 데 나왔고 영어도 잘했다. 그 친구와는 퇴
사 이후 더 친해졌는데 나는 그 회사 이후로도 업무적으로 궁
금한 게 있으면 불시에 전화 걸어 해결하곤 했었다. 갑자기 그
친구 이야기를 하는 이유는 그가 조감독 출신이었기 때문이다.
나는 그 친구와 가깝게 지내면서 틈틈이 물어봤다. "보통 감독
되는 사람들 보면 다 조감독 거쳐서 오던데 조금 더 버텨서 그
쪽 길 가보지 그랬어요?" 그 친구는 고개를 절레절레 흔들면서
단호히 말했다. 모르는 사람은 그렇게 말할 수 있는데 가능성
없다고, 그렇게 조감독 시절을 보낸다 해도 모두 입봉할 수 있는
게 아니고 그렇게 시간만 가버리다 끝나 버린다고. 그 얘기를 그
친구에게 몇 번이나 묻고 몇 번이나 들었어도 난 아쉬움이 남았
다. 하지만 시간이 많이 지나 생각해 보니 그 친구의 선택이 옳
았다고 본다.

좋은 삶은 좋은 제도 속에 있다

그 후 그 친구는 대기업 수준의 규모가 꽤 큰 중견기업으로 이직해 연봉 6,500만 원을 받고 있으며, 2022년 1월부터는 멕시코 주재원으로 발령받아 가족들과 다 멕시코로 떠났다. 이런 경우는 굉장히 흔치 않다고 본다. 조감독 때려치우고 회사에 취직할 수 있는 정도면 걱정을 안 한다. 문제는 대부분의 사람들이 그렇게 할 수 없다는 것이다.

대학 다닐 때 'MBC아카데미 연극음악원'이라는 학원을 다녔는데 거기서 어떤 형은 나중에 그쪽 업계에서 나름 잘 풀렸다. 연극배우로 살아갔지만 영화에서 단역도 나왔고, 광고에서도 단독으로 얼굴을 비추었다. 난 광고에서 그 형을 보고 정말 깜짝 놀랐는데 인터넷에 이름을 치면 바로 프로필이 뜰 정도였으니 인지도가 없는 것은 아니었던 것 같다. 난 그 형과 가깝지는 않았는데, 나중에 나와 절친인 형을 통해 들은 이야기는 결국 가게를 한다는 이야기였다. 처음에는 스마트폰 같은 통신사업을 한다고 하다가 최근에 들은 이야기는 인천에서 고기집을 차렸다는 것이 아닌가. 그쪽 업계의 형편이 대부분 이런 식이다. 그 형이라고 그쪽 일 그만두고 자영업을 하고 싶어서 했을까?

내가 박찬욱 감독의 이야기를 거론한 것은, 그 정도 실력을 가지고 있으면서 겨우겨우 살아냈다는 표현이 뭔가 어색하게 느껴졌기 때문이다. 영화 스탭이건 방송 스탭이건 거의 대부분이 일자리를 잃으면 다른 할 일이 없어진다. 몸 쓰는 일을 하든, 장사를 하든, 배달을 하든 그런 쪽으로 가기 마련이다. 박찬욱 감

171

독이 다시 영화감독을 할 수 있었던 건 다른 일을 하면서도 그 업계에 계속 몸담고 있어서였다. 수많은 조감독들이 현실을 버티지 못하고 나와서 전혀 다른 일을 하고 살아간다. 시간은 시간대로 날리고, 벌어놓은 돈도 없고 말이다. 그러니까 박찬욱은 영화감독만 안 했을 뿐이지 언제라도 기회가 되고, 일거리가 오면 다시 복귀해서 할 수 있는 상태로 '대기'하고 있었던 것이다.

이것이 꽤 중요하다. 자기가 목표로 하고 있는 꿈에 근접하기 위해서는 그 산업군에 속한 주변에 있어야 한다. 조감독을 그만두고 일반회사에 취직하거나, 장사를 하거나, 막노동을 하는 것하고, 외화를 수입하여 팔고, 개봉하고, 번역하고, 보도자료나 광고카피까지 만드는 일은 차원이 다르다. 좀 과장된 말일지 모르겠지만 '그 정도면 밥 먹는 거 왜 걱정할까'라는 생각마저 들었다. 물론 박찬욱의 개인 사정은 아무도 모른다. 하지만 앞서 말했듯 영화 스탭들, 특히 조감독까지 올라갔다 결국 입봉 못하고 다른 세계에 들어가는 사람들에 비하면, 박찬욱은 상당히 괜찮은 편이라 생각한다.

박찬욱은 영화감독으로서 입봉이 늦어졌을 뿐이지 그 언저리에 맴맴 돌고 있었던 것이다. 자신의 능력을 과시하는 것도 아니고 어떻게 그런 일을 해가며 "밥을 먹었다"라고 할 수 있나. "조감독 그만두고 어쩔 수 없이 막노동판을 전전했다"든가 "힘들게 대출해서 자영업을 시작했다"와 같은 정도라면 납득이 간다. 박찬욱처럼 창의성이 필요한 그런 전문적인 일을 "무엇무엇을 해가며 밥을 먹었다"라는 표현은 같은 업계 사람들이 들으면 오해하지 않을까?

능력이 있으니 그런 일을 하는 거지 그런 일은 원래 하고 싶어도 못한다. 쌀이 떨어져 어쩔 수 없이 일반회사에, 그것도 영화와 아무 관계가 없는 쪽에 일하는 사람들이 거의 대부분이다. 조감독뿐 아니라 모든 스탭은 그만두고 1년 내내 라면만 먹고 살아야 할 정도로 궁핍한 사람들이 허다하다. 박찬욱은 조감독 그만두고 그 일을 한 것을 혹시 '굴욕'으로 생각하고 있는 건 아닌지 모르겠다.

자신의 목표를 위해 A라는 선택을 했지만 차질이 생기거나 실패했을 경우 차선으로 선택한 B가 박찬욱의 경우라면, 그건 정말 다행이라고 생각한다. 모든 산업에 있어서 그렇다. 중요한 건 해당 산업에서 낙오하지 않는 게 중요하다. 어떤 기회가 왔을 때 다시 올라탈 수 있는 여건을 만드는 것이 중요하다는 말이다. 아니면 자신의 목표가 좌절되어도 그와 비슷한 직종이나 업계에 있는 것도 좋다. 박찬욱의 경우처럼 말이다. 영화감독은 할 수 없겠지만 관련 산업에서의 일은 할 수 있을 것이다.

이렇게 하나의 목표로 하는 분야가 있으면 그와 관련된 일도 많다. 우리는 꿈을 포기하더라도 관련된 일을 할 수 있다면 그나마 덜 억울하다고 말할 수 있을까? 가령 영화배우가 꿈인 사람이 배우의 매니저를 한다거나 기획사에서 일한다고 해서 과연 그 삶에 만족할 수 있을지 의문이다. 그것이 더 좋을 수도, 더 억울할 수도 있는 것은 개인이 어떻게 받아들이느냐에 있을

173

것이다. 배우가 되지 못하면 모든 게 의미 없다고 생각하면 그 인생은 불행하다. 하지만 꿈을 이루지도 못했는데 그 근처에 얼쩡대는 것이 더 억울할 수도 있다고 생각된다면 그것도 이해가 된다. 반대로 배우가 되지 못하더라도 같은 업계에 있다면 그걸로 만족한다고 생각하면 그 인생은 선방한거라 생각한다.

정한아의 2007년 소설 《달의 바다》에서는 기자가 꿈인 은미가 할머니의 부탁으로 미국 나사에서 우주비행사로 일하고 있는 고모를 찾아간다. 고모는 대학에서 지질학 석사학위를 받고 물리학연구소에서 연구원으로 근무도 했었다. 막상 가니 고모는 우주비행사가 아닌 우주 테마파크에서 샌드위치를 팔고 있었다. 할머니에게 왜 가짜편지를 보냈냐는 은미의 말에 고모는 "즐거움을 위해서, 만약에 우리가 원치 않는 인생을 살아갈 수밖에 없는 거라면, 그런 작은 위안도 누리지 못할 이유는 없잖니." 나중엔 은미도 기자시험을 포기하고 할아버지가 운영하는 갈비집에 들어간다. 고모가 할머니에게 보낸 편지에는 이런 내용이 있다.

"꿈꿔왔던 것에 가까이 가본 적 있어요? 그건 사실 끔찍하리만치 실망스런 일이에요. 희미하게 반짝거렸던 것들이 주름과 악취로 번들거리면서 또렷하게 다가온다면 누군들 절망하지 않겠어요. 세상은 언제나 내가 그린 그림보다 멋이 떨어지죠. 현실이 기대하는 것과 다르다는 것을 일찍 인정하지 않으면 사는 것은 상처의 연속일 거에요. 나중엔 꿈꿨던 일조차 머쓱해지고 말

걸요."

　모두 꿈은 있지만 현실과 동떨어져 있다. 기자를 꿈꾸던 은미도 결국 할아버지의 고기집에서 일하게 되고, 나사에서 근무한다던 고모는 우주 테마파크에서 빵을 팔고 있다. 이는 소설에서만 볼 수 있는 이야기가 아니다. 기자가 될 수 없다는 사실을 인정하고 할아버지가 운영하는 고기집에 들어간 은미의 삶이 실패일까. 인생을 성공과 실패라는 두 가지 길만 놓고 본다면 대부분의 사람들이 인생 실패자가 될 것이다. 놀라운 것은 요즘은 부모의 가게를 이어받는 젊은 사람들이 많다는 점이다. 취업은 어렵고, 회사에 취직해도 별 볼 일 없고, 언제까지 일할 수 있을지 알지 못하니 차라리 부모님의 가게를 이어받는 경우가 많다.

　이렇듯 모든 것은 상대적인데 박찬욱 감독의 입장이라면 감독이 못되면 모든 일이 의미 없다고 생각되면 그럴 수도 있다. 영화업계 특성상 창의적인 일이라고 돈을 많이 주진 않았을 것이다. 실제로 여러 가지 일을 한 것을 보니 돈을 많이 벌기 위한 것일 수도 있을 것이다. 그리고 어쨌든 박찬욱은 업계의 거장이 되었다.

* 구직, 그 지루하고
힘든 여정

우리는 일자리를 가진 사람의 상당수가 인내력을
시험당하고 있고, 또 많은 사람이 그야말로 '먹고 살기
위해' 하고 있는 현재의 일을 싫어하고 있다…
그런 상황에서, 이제 유급 일자리를 계속 풀타임 형태의
일자리로 인식한다는 건 분명 더 나은 삶에 대한 현실성
있는 약속이라기보다는 아주 잔인한 착각으로 보인다.

– 팀 던럽 《노동 없는 미래》

살다 보면 자기 문제를 남이 먼저 알고 정작 자기는 나중에
야 깨닫게 되는 경우가 많다. 이런 것들이 가족이나 가까운 친
구들 간의 문제라면 상관없겠지만 일을 하면서 겪는 문제라면

좋은 삶은 좋은 제도 속에 있다

상황이 다르다. 오래전 일본계 회사에서 잠깐 일한 적이 있었다. 사장을 비롯한 간부들이 모두 일본인이고 거래하는 곳의 담당자도 본사 파견 일본인이었다. 잘하지도 못하지도 않는 어중간한 일본어 실력을 가지고 있었던 나는 업무도 감당이 안 되었을 뿐만 아니라 일본어조차도 신경 써야 하는 상황이 되었다. 회사가 좋고 나쁘고는 중요한 문제가 아니었다. 본인이 소화할 수 없는 일을 맡게 되면 아무리 좋은 회사라 한들 아무 의미가 없다. 그 회사에서는 업무 자체도 어려웠지만 일하는 방식도 어려웠고, 사람들과의 소통도 쉽지 않았다. 지금 생각하면 왜 그런 회사에 들어갔을까 싶었지만 당시는 그 회사에 들어가고서는 우쭐한 기분도 있었다.

난 아무것도 모른 채 그저 주어진 일만 버버벅 하다가 3개월 만에 퇴사하게 되었다. 나로선 일이 감당이 안된 것이다. 그때 그만두면서 일본에서 파견 나온 한국지사 본부장에게 인사하러 갔는데 그 분이 한 말이 아직도 잊혀지지 않는다. "김용재씨는 이 업계하고는 잘 맞지 않습니다." 그 말을 들은 나는 그저 고개만 끄덕이고 지나갔는데 이상하게도 그 말은 세월이 지나면서 강하고 뿌리 깊게 내 마음속에 박혔다. 그 사람은 어떻게 그런 말을 할 수 있었을까? 그런 말은 쉽게 할 수 있는 말이 아닐텐데, 상급회사 본부장이지만 회사 사람도 아니고, 친하던 사람도 아니었는데. 그때 난 그저 이 회사와 어울리지 않는다고만 생각했다. 왜 그리 그쪽 업계에 집착을 했던가. 그 어렵고 힘든 일을, 잘 하지도 못하고 실력도 없으면서 왜 그 업계에 계속 발붙이려

3부. 인간에게 일은 무엇인가?

고 했던가.

그 이후로도 같은 업계에 계속 이력서를 줄기차게 넣기만 하고 하염없이 면접 전화를 기다리고, 다시 그런 회사를 들어갔다 또 다시 적응하지 못하고 퇴사를 하고, 그런 코스를 계속 밟았다. 그만하면 포기할 만도 한데 난 "업종 변환하기엔 너무 늦은 나이고, 취업 시장에서 내가 선택할 수 있는 한계나 여지도 없다"라는 이유로 다람쥐 쳇바퀴 돌듯 뻔한 시도를 하고 같은 실패를 반복했다.

이것은 무지인가, 아집인가? 사실 그 사람이 한 말을 어느 정도 인지는 하고 있었다. 난 확실히 그쪽 업계와 어울리지 않았다. 하지만 그걸 알아차리기는 쉽지 않았다. 이쪽 업계와 어울리지 않는다는 생각보다는 원래 내가 어디를 가든 부족한 사람이라는 생각이 강했기 때문이었다. 그리고 나는 자존감이 그렇게 강한 사람이 아니었다. 이런 생각은 살아가는 내내 내 마음속이 깊이 각인되었다. 다른 일을 할 수 있는 상황이 안되고, 그래도 하던 일 계속하고 싶어 난 줄기차기 같은 업종에서 같은 일만 고수해왔다. 그러니 다른 세계가 어떤지, 다른 세계에서의 내 모습은 어떤지, 전혀 알 수 없었다. 못 하는 일을 하니 내가 못나 보이고 늘 부족한 사람으로 보였던 것은 당연했을지도 모른다. 결국 난 마흔을 넘겨 그 업계를 떠났다. 다시는 발붙이지 않겠다는 다짐과 함께….

좋은 삶은 좋은 제도 속에 있다

요즘 MZ세대들의 이야기를 들어보면 나의 경우와 비슷한 상황이 많은 것 같다. 어떻게든 취업을 해야 하니 자신이 무엇을 원하는지도 모른 채 일단 들어갔다가 상처받고 나오는 경우가 허다하다. 슬프지만 어디에 들어가서 일한다는 것 자체가 다행인 시대에 일을 가린다는 건 어쩌면 사치일지도 모른다. 또 하고 싶은 일이라고 들어갔지만 현실에 실망해 결국 그만두는 일노 허다하다.

모리 히로시의 《보람 있는 일이라는 환상》에서는 이런 표현이 나온다.

"하고 싶은 것을 하기 위해서는 준비라는 것이 있는 것처럼, 일 역시 하고 싶은 것을 하기 위한 수단에 불과하다. 그러니까 하고 싶은 것이 있으면 일도 자연히 하고 싶은 것에 포함되어 있을 것이다."

이 말은 우리가 좋아하는 것이든 하고 싶은 것이든 거기에 따라오는 불편한 것, 싫은 것 또한 모두 감수해야 해야 한다는 말이다.

직업 세계로 들어갈 때 가장 먼저 해야 할 일도 이런 것들이 아닐까 생각한다. 그 직업이 가지고 있는 좋지 않은 점, 나쁜 점, 그 직업이 자신에게 어떤 것이 나쁜지, 그 나쁜 것들을 자신이 얼마나 받아들일 수 있는지, 좋은 것들이 그 나쁜 것들을 어느 정도 상쇄시킬 수 있는지, 그런 것들이 중요하다고 생각한다. 그런 것들을 받아들일 수 있다면 그 세계에서의 좌절도 어느 정도 받아들일 수 있는 멘탈을 가질 수 있다고 본다.

긴 터널을 지나오고 뒤돌아보면, 당시에 왜 그런 선택을 했나 후회하지만 어디 그런 후회가 일뿐이었던가. 2004년작 영화 〈나비효과〉를 보면 잘못된 것을 바로잡기 위해 과거로 돌아가 바꾸지만, 그 바꾼 결과는 다른 쪽으로 더욱더 나쁘게 되어 현재에 더욱 큰 악영향을 끼치게 된다. 그래서 다시 돌아가 또 바꾸고, 또 바꾸고… 과거를 바꿀수록 더욱 나쁜 현실이 기다리고 있다. 그래서 나는 생각해 봤다. 다시 돌아가서 업종을 바꾸었다 해도 잘할 수 있었을까? 사실 좀 회의적이다. 하지만 사람들은 그렇지 않다. 항상 과거로 돌아간다면 더 잘 사는 삶, 더욱 멋진 삶을 생각한다. 물론 삶을 바꿀 수도 있을 것이다. 나 역시 과거로 돌아간다면 어떤 삶을 살 것인가를 많이 생각하게 된다. 분명 지금보다는 나은 삶을 살 것이라는 생각이 들곤 한다. 다시 돌아간다면 결핍되었던 것들부터 충족시킬테니 분명 더 나은 삶이 될 것 같긴 하다. 하지만 인간에게 결핍이란 무언가가 채워지면 다른 무언가가 생기기 마련이다. 물론 어떤 일을 할 것인가가 가장 중요하겠지만 과연 다른 업종에 종사했을 때 그것이 나와 잘 맞는 직업이 된다거나, 더 행복한 삶이 될 것이라는 확신은 없다. 그저 추측할 뿐이다. 과거로 돌아가 다시 삶을 산다 해도 같은 코스를 밟을 수도 있다. 지금의 우리는 이미 시행착오를 겪으면서 삶을 개선해오며 살아오지 않았나. 우리는 과거의 경험

좋은 삶은 좋은 제도 속에 있다

과 시행착오를 통해 하나하나씩 미래의 퍼즐을 맞춰나간다.

그저 젊은 날의 경험으로 치부하고 잊어버리기엔 그 세월들이 너무 아깝다. 나는 "좋은 경험했다고 생각해라"는 위로는 좋아하지 않는다. 나이를 먹어보니 좋은 경험과 나쁜 경험이 가려진다. 억지로 '좋은 경험'이라는 타이틀을 붙여 스스로 위로하고 싶진 않다.

하지만 사람들은 지나간 과거를 대개 좋게 생각한다. 앞뒤 생각할 필요도 없이 그냥 도움이 되었다고 판단해 버리는 것이다. 그렇게 판단해 버리면 편안한 상태가 된다. 좋지 않았던 경험이 아무 의미가 없었다고 생각하면 나에게 손해다. 설명할 수는 없어도 뭔가 의미가 있고 좋은 경험이 되었다고 생각하면 안심이 된다. 그리고 불쾌한 기억과 경험으로 자신을 괴롭히지 않아도 되는 것이다. 마치 여우와 신포도의 여우처럼 "저 포도는 무조건 신포도일 것"이라고 믿어버리는 것이다. 그게 정신건강에 더 좋고 깔끔하긴 하다.

일자리 문제는 사실상 평생 진행형이다. 그리고 이 일자리는 평생 동안 사람을 괴롭힌다. 좋은 일자리는 점점 찾기 어려워진다. 나쁜 일자리에서 좋은 일자리로 옮기겠다는 것은 어쩌면 욕심인지도 모른다. 좋은 일자리로의 이동보다는 나쁜 일자리에서 덜 나쁜 일자리로 옮겨 나가겠다는 것이 더 현실적이고 올바른 표현일지 모른다.

181

아… 인간으로 살아가는 일은 정말 힘들고 피곤한 일이다.

좋은 삶은 좋은 제도 속에 있다

∗ 그래서 그들은 다시
그 일로 돌아갔다.

사람들이 계속해서 노동에 참여할 의지를 그토록
강하게 표현하는 주요인은 거의, 현실적으로 가능한
다른 대안이 없다는 사실에 기인한다는 판단이
매우 타당해 보인다.

– 폴 랜섬 《고용보장과 사회 안전성》

톰 행크스하면 그의 중년 모습이 눈앞에 그려진다. 20대 때
나의 기억에 각인된 그의 영화들은 아직까지도 최고의 영화로
기억된다. 중년의 모습이 그려지는 것은 그가 나온 절정의 영화
들이 다 중년 때의 모습이기 때문일까? 그중에서도 내가 특히
좋아하는 〈라이언 일병 구하기〉, 〈포레스트 검프〉, 〈캐스트 어웨

3부. 인간에게 일은 무엇인가?

이〉 이런 영화들은 걸작이기도 하지만 많은 생각을 하게 하는 영화다.

특히 〈캐스트 어웨이〉는 살아간다는 것이 무엇인지, 인생을 다시 생각하게 하는 영화였다. 고립된 섬에서 죽음과의 일대일 결투, 결국 주인공은 판정승을 거두고 집으로 돌아간다. 이와 비슷한 영화인 〈그래비티〉가 있다. 배경은 전혀 다르지만 우주 공간에서 벌어지는 이 영화 역시 '고립'에 있어서 〈캐스트 어웨이〉와 비슷하다. 어떻게든 살아야 하고, 이겨내야 하는 것은 영화 속 이야기만이 아닌 이 땅의 수많은 사람들의 이야기이기도 하다. 앞서 언급한 톰 행크스 주연의 2013년작 〈캡틴 필립스〉도 재미있게 봤다.

〈캐스트 어웨이〉, 〈그래비티〉, 〈캡틴 필립스〉 세 영화를 보면서 의문이 생겼다. 이들은 그 후 잘살게 되었을까? 그리고 엄청난 트라우마를 안겨준 그 일을 계속할 수 있었을까? 사실 영화에서 답이 나온 사실이지만, 내가 강조하고 싶은 것은 역경과 죽음을 이겨내고 돌아온다 해서 휘황찬란한 미래가 기다리고 있는 건 아니라는 사실이다. "그 후 행복하게 살았다"는 식의 결말은 사실 현실과 너무 동떨어져 있다.

현실은 동화가 아니다. 캡틴 필립스의 선장 리처드 필립스는 실제로 그 일이 있고 나서도 다시 바다로 나갔다. 캐스트 어웨이 역시 그런 일을 겪고도 다시 페덱스 직원으로 살아가는 모습이 나온다. 결말은 나오지 않았지만 나는 그래비티의 라이언 스

좋은 삶은 좋은 제도 속에 있다

톤 박사도 마찬가지 일 것이라 생각한다. 일반적으로 생각하면 스톤 박사가 다시 우주로 나가는 건 쉽지 않을 것이다. 하지만 리처드 필립스나 척 놀란은 그렇지 않을까? 다시 나간 바다에는 여전히 해적이 존재하고 다시 만난 해적이 저번에 그런 일을 당했으니 이번에는 보내주겠다고 할까? 아닐 것이다.

선택이 가장 쉬워질 땐 선택의 여지가 없을 때이다. 이들은 어쩌면 그렇게 하고 싶었기보다는 그렇게 할 수밖에 없었기 때문이 아닐까. 싫지만 어쩔 수 없이 해야 하는 것, 즉 일은 현대인의 숙명이다. 싫건 좋건 받아들여야 하고 일은 계속되어야 한다.

이 영화들이 해피엔딩으로 끝이 났지만 집으로 돌아온 그들의 삶은 어쩌면 해피엔딩이 아닌, 경우에 따라서는 불행의 시작일 수도 있을 것이다. 캐스트 어웨이의 척 놀란은 잊혀질 줄만 알았던 약혼녀가 계속 가슴에 남아 자신을 괴롭힌다든지, 비행기 사고의 정신적 충격이 가시지 않아 외상 후 장애 판정을 받는다든지, 라이언 스톤 역시 우주에서의 엄청난 사건이 현실에 적응하기 힘들 정도로 트라우마가 되었다든지 말이다.

리처드 필립스는 그런 일을 겪고도 좋아서 다시 바다가 나갔겠는가. 당연히 먹고 살기 위해서다. 다른 거창한 이유가 없다. 그 일을 때려치우고 다른 일을 한다는 가정도 충분하다. 때려치우고 다른 일을 한다는 게 우리가 일반적으로 생각하는, 혹은 영화나 드라마에서 보는 그런 쉬운 선택이 아닐 수도 있다. 누구나 그렇다. 나 역시 마찬가지다. 악조건의 상황에서도 그만둘 수

3부. 인간에게 일은 무엇인가?

없는 것은 이보다 나은 선택지나 마땅한 대안이 없다는 판단 때문이다. 운이 좋아 다른 직장에 간다 해도 더 좋아지라는 법은 없다. 지금의 선택지를 버리면 더 위험하고 더 센 놈이 기다리고 있다면 신중해야 한다. 난 이미 그런 경험에 체득이 되었다.

우리 인생에서 일보다 소중한 것들이 있다면, 혹은 일보다 우선하는 것들이 많다면 굳이 위험을 무릅쓰거나, 죽도록 하기 싫은 일을 생계를 위해 그저 어쩔 수 없이 받아들이지 않아도 될 것이다. 모든 사람들이 일을 하지만 결국 일의 가장 큰 이유는 생계를 위한 활동아닌가.

모든 사람들이 일이라는 '족쇄'에 묶여 평생을 살아갈 필요는 없다. 그런 의미에서 리처드 필립스가 다시 바다로 나간 건 많은 사람들이 대단하다고 칭찬을 하지만, 사실 나로선 조금 유감이다. 당시 한창 일할 나이이기에 본인도 어쩔 수 없었을 것이라 생각이 들곤 하지만 다른 선택을 할 기회가 있었다면, 굳이 바다로 나가지 않아도 될 정도의 좋은 선택이 있었더라면 다시 바다로 나갔을지 의문이다. 하지만 이는 리처드 필립스에 한정되지 않는다. 우리 모두가 그렇지 않은가.

이 세 영화의 주인공이 그런 트라우마를 이기지 못하고 하던 일을 그만두었다면, 어쩌면 더 힘든 현실이 기다리고 있었을지도 모른다. 그리고 그들은 가슴에 어떤 상처를 안고 살아가든 평상시대로 평범하게 일을 수행해 나갔을 것이다. 삶이란 원래 그런 것 아닌가. 그 일은 끝이 나도 삶은 끝나지 않기 때문이다.

4부.

*

영웅은

혼자서 되지 않는다.

＊ 히틀러가 없었다면
처칠도 없었다.

극히 다른 이 두 사내는 세 가지 공통점을 지녔다.
전사의 요소, 두 사람은 전쟁을 위해 태어났고, 전쟁을
사랑했다… 그는 한 가지만은 꼭 원했다. 히틀러와
히틀러 독일에 대한 무조건적 전면적인 승리였다.

– 제바스티안 하프너 《처칠, 끝없는 투쟁》

　해독제는 독이 있기에 존재한다. 해독제를 빛나게 하는 것은
다름 아닌 독이다. 그것은 영화 〈다크 나이트〉에서 조커와 배트
맨의 관계에서도 엿볼 수 있다. 배트맨을 더욱 가치 있고 빛나게
해주는 존재는 악당 조커다. 선은 악이 존재할 때 더욱 빛나는
것이다. 우리 일상에서 접하는 안보나 평화 같은 것들은 악의

4부. 영웅은 혼자서 되지 않는다.

존재가 없다면 그 가치를 알기 어렵다. 안보가 금이 가고 평화가 무너질 때, 우리는 비로소 안보나 평화의 소중함을 알게 되는 것이다. 선의 역할도 마찬가지다.

오래전에 본 KBS 〈세상의 모든 다큐〉에서 '처칠과 히틀러'편은 정말 재밌고 훌륭했다. 처칠과 히틀러를 1부에선 사자와 독수리, 2부에선 해독제와 독으로 표현했다. 참으로 좋은 표현이다. 처칠이 역사상 가장 훌륭한 영국 총리가 된 건 히틀러 때문이라고 하면 너무 지나친 표현일까?

처칠은 사실 구제 불능이었다. 그의 고집불통 성격은 말할 것도 없지만 편집증과 막돼먹은 성격은 주위 사람들도 혀를 내둘렀다. 그는 학생 시절 낙제생이었는데 아버지의 권유로 해군에 입대했다. 그렇다면 처칠은 어떻게 총리가 된 것인가? 처칠이 총리가 되고, 총리로서 성공한 건 이런 성격이 히틀러에게 통했기 때문이다. 만약 전시상황이 아닌 평상시라면 처칠은 총리직에 오르지 못했을 것이다. 실제로 역사는 처칠을 히틀러에 맞설 수 있는 인물로 보았기 때문에 그가 총리가 되었다고 설명한다. 처칠이 어떤 사람인지 잘 나타내는 문장이 있다.

에릭 라슨의 저서 《폭격기의 달이 뜨면》에 나오는 글인데 제2차대전 당시 넬라 라스트라는 민간 일기기록원의 글이다.

"만약 한 남자와 평생을 보내야 한다면 난 체임벌린을 선택하겠다. 하지만 폭풍에 난파당할 지경이 되면 당장 처칠에게 달려

갈 것이다."

이 글은 처칠이 어떤 사람인지 잘 보여준다. 실제로 영국국 민은 처칠이 총리가 되기를 간절히 원했다. 처칠은 히틀러에 대적할 맞춤형 파트너였기 때문이다. 마치 야구에서 특정 타자에 맞서 특정 투수를 등판시킨다든지, 축구에서 특성 스트라이커를 방어하기 위해 특정 수비수를 배치하는 것처럼 말이다. 처칠은 히틀러를 조금도 믿지 않았고, 히틀러는 전쟁이 끝나는 순간까지 처칠이 눈엣가시였다. 전직 총리인 네빌 체임벌린은 히틀러를 몇 번 만나 얘기를 해보고 약속을 지키는 사람이라고 성급히 판단했지만, 처칠은 그러지 않았다. 처칠은 처음부터 히틀러를 동네 깡패 정도로 취급했으며 반드시 영국을 침공할 것이라 믿어 의심치 않았다.

처칠은 다른 총리들이 보여주지 못한 강단을 히틀러에게 보여줬다. 밤마다 런던을 폭격하는데도 처칠은 승복하지 않았고, 히틀러와 그의 참모들은 그런 그를 의아해했다. 아마도 보통의 총리라면 승복했거나 평화협정을 명분으로 타협을 했을지도 모른다. 하지만 처칠에게는 어림도 없었다. 영국국민 또한 마찬가지였다. 처칠이 얼마나 전쟁 맞춤형 총리였는지는 전쟁이 끝나고 영국국민들이 보여준 행동이 여실히 보여준다. 종전 두 달후, 영국국민은 선거에서 처칠에게 패배를 안겼다. 사람들은 그가 전쟁을 이끌기에는 이상적인 인물이지만 전후 영국을 회복시킬 인물로는 부족하다고 보았다. 전쟁에 특화된 총리라고 해도

191

과언이 아니었던 것이다.

그는 히틀러와 전면전을 치렀다. 히틀러는 쉽게 무너질 것이라 생각했던 영국에 고전하자 영국침공을 보류하고 소련공격을 결심한다. 처칠은 국민들의 열렬한 지지를 얻는다. 처칠의 그러한 성향은 히틀러에겐 악몽이었다. 적어도 히틀러와 2차대전이 아니었다면 지금의 처칠의 처칠에 대한 평가는 달라졌을지도 모른다. 총리의 선출, 시기, 그의 성향, 당시 전시상황 등 많은 외부 환경을 고려하면 그의 위대함은 전시상황에서 얻은 것이다.

처칠과 히틀러는 2차대전 내내 경쟁상대에 있었다. 히틀러는 자살 직전까지 처칠을 원망했다고 한다. 처칠은 일반적으로 보면 훌륭한 해독제는 아니었다고 생각한다. 오히려 문제가 많은 해독제였지 않았을까 싶다. 하지만 그 해독제는 유일하게 히틀러에게 통한 것이다. 그것도 가장 악독하게 말이다.

전쟁이 끝나고 어떤 기자가 처칠에게 이런 질문을 했다. 다시 돌아가고 싶다면 언제로 돌아가겠느냐고. 그는 1940년으로 돌아가고 싶다고 했다. 그것은 무엇을 뜻하는가? 1940년이면 히틀러가 유럽을 지배하던 시기이다. 세상이 나치로 뒤덮일 것이라는 위협과 동시에 그 시기는 처칠이 총리가 된 시기이다. 처칠로서는 자신의 존재감이 최고조에 다다랐을 때다. 처칠은 그런 자신의 모습과 총리로서의 자신의 모습을 즐기고 좋아했다. 실제로 그는 자신의 존재감이 없어질 때면 극심한 우울증에 빠지곤 했다. 처칠의 우울증은 고질병이었다. '블랙독'이라는 표현은 우울증을 뜻하는 또 다른 말인데, 이 말은 처칠이 자신의 우울증

좋은 삶은 좋은 제도 속에 있다

을 빗대어 만든 말이기도 하다.

처칠은 위대한 총리가 됐다. 히틀러에 맞서 싸운 유일한 총리이자 전쟁의 폐허 속에 영국을 구해낸 영웅이기도 하다. 그에게 1940년은 그리운 때일지 모른다. 전쟁으로 국민 모두가 신음하고 있을 때라도, 인류가 다시는 그런 광기의 시대로 돌아가고 싶지 않더라도 처칠에게는 오히려 돌아가고 싶은 시기였던 것이다.

히틀러가 무능하고 무지하지 않고 참모 말을 잘 들었더라면 처칠이 더 힘들고 괴로웠거나 어쩌면 졌을지도 모른다. 역사에 가정은 없다지만 역사에는 늘 가정이 따른다. 《당신들의 조국》이나 《높은 성의 사나이》 같은 대체역사소설도 있지 않은가. '나치독일이 제2차 세계대전에서 연합국과 붉은 군대를 물리치고 승리했다면? 그래서 나치가 세계를 지배하게 되었다면?'이라는 가정이다.

처칠과 히틀러, 둘 다 고집불통이었지만 처칠은 참모를 믿었고 히틀러는 무자비하고 잔혹했다. 히틀러는 자신을 따르고 좋아하는 참모는 승진시키고, 말을 듣지 않으면 자르거나 반역이라 생각되면 처형시켰다. 위대한 장군 롬멜 역시 누명을 썼다. 반역자로 남아 가족까지 희생당하든지, 아니면 스스로 죽음을 선택해 영예롭게 남든지 선택하라고 하자 롬멜은 후자를 선택했다. 그렇게 간 장군들이 어디 한 둘인가.

위대한 총리 처칠을 히틀러가 만들었다고 하면 너무 심한 표현일지 모른다. 하지만 히틀러가 없었다면 위대한 처칠은 없었을 것이다. 아마도 총리가 되는 것조차도 힘들었을 것이다.

배트맨을 훌륭하게 만드는 건 악랄한 악당이다. 희대의 악당인 조커처럼 말이다. 좀도둑만 잡는 배트맨을 위대하다고 말할 순 없지 않은가.

좋은 삶은 좋은 제도 속에 있다

* 영웅과 역적은
어떻게 갈렸나

프라하가 유럽의 다른 도시와 달리 문화유산이
많은 이유는 나치 독일에 항복해 제2차 세계대전을
피했기 때문이다.

– 이상미 이상미술연구소장 매거진 《건축 전쟁사를 말하다》

앞서 처칠 이야기를 했지만 처칠이 히틀러와 전면전을 할 수
있었던 가장 큰 이유는 무엇일까? 히틀러와 나치 놈들을 그냥
놔둘 수 없다는 처칠의 각오로는 영국을 지킬 수 없었을지도 모
른다. 여기서 생각해 볼 것은 영국이라는 나라다. 쉽게 말하면
영국은 원래 힘이 있는 나라였다.

대영제국이라는 말이 괜히 생긴 게 아니다. 영국은 이미 수
세기 전부터 강대국으로서의 면모를 발휘했다. 영국은 2차대전

때 이미 '스핏파이어'라는 훌륭한 전투기까지 보유하고 있었다. 스핏파이어는 압도적인 기량으로 독일 전투기를 격파했다. 아마도 처칠은 이런 영국의 힘을 믿고 히틀러에게 덤볐을지도 모른다.

처칠이 다른 나라 총리였다면 그 유명한 명언 "절대, 절대, 절대로 포기하지 마라"라는 말을 할 수 있었을까? 포기와 관련된 가장 유명한 말 중 하나이자 처칠의 단골 명언이기도 한 이 말은 전쟁이 한창이던 1941년 모교인 해로우 스쿨에서 했던 연설이다. 이 말은 너무나 유명해서 아직까지 앞뒤 안 가리고 어디서든 인용된다. 자기계발서에도 자주 등장하는 감초이기도 하다. 사실 이 말은 처칠의 성향으로 볼 때 충분히 나올 만한 말이긴 하다.

하지만 "절대, 절대, 절대 포기하지 마라"라고 외친 처칠도 자신이 그 자리에 오르기까지 많은 과정에서 포기가 있었을 것이다. 그런 과정을 거쳤기에 위대한 수상 처칠이 된 것이다. 우리가 어렸을 때 즐겨본 위인전들의 위인들은 그런 게 없었을까? 그 많은 위인들은 모두 포기 한번 안 하고 그렇게 되었던 말인가. 말도 안 되는 이야기다. 그저 성공에 가려진 것이다. 위대한 기업가, 위대한 발명가 등 모두 마찬가지다. 그럼 상황을 다르게 비교해 보자.

2차대전이 일어나기 6개월 전인 1939년 3월 체코 대통령 에밀 하하는 독일에서 히틀러에게 자신의 국가를 넘겨준다는 내

좋은 삶은 좋은 제도 속에 있다

용에 서명했다. 여기까지 보면 이 대통령은 매국노가 틀림없다. 실제로 이후 국가반역죄로 체포되기도 했다. 하지만 가만히 생각해 보면 그가 만약 그렇게 하지 않았더라면 어떤 결과가 기다리고 있었을까? 에밀 하하에 대한 자료는 찾을 수 없어 자세한 사항은 잘 모르겠으나 만약 에밀 하하 대통령이 처칠처럼 "절대, 절대, 절대 포기하지 마라"면서 히틀러와 전면전을 치렀다면 어떻게 되었을까? 두말할 필요도 없다. 그 아름다운 프라하는 처참한 잿더미가 되었을 것이고, 수많은 사람들이 죽어 나갔을 것이다. 프랑스 같은 나라도 6주 만에 점령당하지 않았던가.

아마도 에밀 하하 대통령은 "어차피 이길 수 없는 싸움을 하느니 그냥 고스란히 내어주는 게 더 낫지 않을까"라는 생각을 하지 않았을까? 지금 프라하에 있는 그 수많은 아름다운 건축물들과 유물들은 에밀 하하 대통령의 항복이 아니었다면 분명 잿더미가 되었을 것이다. 그래서 앞서 말한 대로 지금의 프라하는 다른 도시와는 달리 건축물과 문화유산들이 잘 보존되어 있다. 2차대전 때 전쟁의 물리적 피해 없이 그대로 남겨져 있는 것이다. 국민들 역시 자신들은 나치에 맞설 수 없다는 사실을 알지 않았을까?

무슨 수를 써도 자신들이 맞설 수 없다는 사실을 아는 것이 중요하다. 그래서 체코는 전쟁의 참혹한 피해를 피해간 국가가 되었다. 만약 처칠이 체코의 대통령이었다고 가정해 본다면 처칠이 쉽게 "절대 포기하지 말자"고 말할 수 있었을까? 난 절대 아니라고 본다. 반대로 에밀 하하가 영국 총리였다고 가정해 보자.

4부. 영웅은 혼자서 되지 않는다.

힘 있는 영국이 쉽게 나치가 순순히 영국 땅을 밟게 두었을까. 역시 아니라고 본다. 처칠도 에밀 하하도 국가의 역량을 보고 판단하지 않았을까?

이건 개인에게도 정말 중요한 문제다. 자신의 역량으로 삶의 문제를 해결해나가야 할 때 우리는 자신을 둘러싼 환경과 상황을 잘 파악해야 한다. 무슨 수를 써서라도 자신이 할 수 없는 일이라면 포기하는 것이 맞다. 포기하는 것이 아직까지 우리 사회에서는 부정적인 인식이 남아 있는데, 현실적으로 볼 때 좋은 포기는 좋은 성공만큼 훌륭하다. 그리고 우리는 무언가를 선택할 때 반드시 포기가 뒤따른다. 좋은 삶을 선택하기 위해서는 좋은 포기가 반드시 선행되어야 하는 것이다.

일본 작가 모리 히로시는 그의 저서 《포기의 가치》에서 이렇게 말했다.

"무언가를 얻기 위해서는 많은 것을 포기할 필요가 있다. 이 것은 돌이나 나무를 깎고 불상을 새기는 작업과 비슷하다. 잘라버리지 않으면 어떤 것도 보이지 않는다. 무언가를 만드는 행위는 동시에 대부분을 버리는 작업이다."

포기하지 않고 끝까지 하는 것이 덕목인 사회, 노력 권하는 사회는 시대가 바뀌어도 여전히 남아 있다. 노력은 성장과 발전, 꿈을 이루게 해 주지만 노력으로 인해 삶이 망가지고 피폐해지는 경우도 많다. 우리는 노력으로 성공한 사람들만 보고 듣지,

좋은 삶은 좋은 제도 속에 있다

실패한 사람들의 이야기는 보고 들을 기회가 없다. 앞서도 말했듯 이른바 '생존편향'인 것이다.

당연한 이야기이지만 인간사에 실패 없는 인생이 오히려 이상하다. 시사IN의 고재열 기자는 계간지 《뉴필로소퍼, 패배의 미학》에서 이렇게 말했다.

"실상 우리 인생은 패배로 점철되기 때문이다. 성공은 모든 조건이 맞아야 가능하지만 실패는 하나의 조건만 어긋나도 바로 직면하게 된다. 성공이 아니라 실패가 일상의 궤도 안에 있는 행성이다. 우리의 개인사는 성공이 아니라 실패의 기억으로 점철된다. 성공이 명절 때나 먹게 되는 특식이라면 실패는 매일 먹는 일상식이다."

요즘은 다행스럽게도 이런 인식이 많이 희석되기 시작했다. 무분별한 노력, 자신을 망치는 노력 등 노력이 만병통치약이 아니라는 사회인식은 빠르게 확산되고 있는 중이다. 특히 '노력'이라는 단어를 비하하는 '노오력'이라는 신조어는 한국사회를 관통하는 핵심단어 중 하나이기도 하다.

중요한 건 자신의 한계를 아는 것이다. 그런 한계를 극복하여 성공한 사람들도 분명 있지만 목표를 성취하는 과정에서 회복할 수 없는 큰 희생이 따르거나, 가능성이 거의 없는 희박한 경쟁을 통해야 한다면, 또는 목표를 향하는 과정에서 가치판단이 달라지거나 방향전환이 필요할 경우 그냥 편하게 포기하는 것이 낫지 않을까.

하지만 이런 말들은 쉽지 않다. 기성세대들은 포기하지 않고 끝까지 하는 사람들을 선호한다. 그것이 무엇이든 열정이 있어 보이고, 끈기 있게 보이고, 성공을 향한 집념처럼 보이기 때문이다. 강준만 전북대 교수는 《평온의 기술》에서 이렇게 말한다.

"포기를 하면 의지박약이라는 비판을 들을까 봐 무서워 포기하지 못하는 사람도 많다. 우리는 해야 할 것을 하지 않는 것을 의지박약이라고 하지만, '해야 할 것'이라는 애초의 전제가 잘못되었다면, 오히려 하지 말아야 할 것을 계속하는 것이 의지박약일 수 있다. 사실 나는 포기하고 싶은데 남들의 시선이 두려워 끌려다니는 것, 이게 바로 의지박약 아닐까?"

그런 의미에서 조심스럽지만 난 에밀 하하의 그런 판단도 처칠 못지않게 훌륭하다고 생각한다. 이후 반역죄로 체포되는 건 별개로 하더라도 그런 결정이 수많은 사람들의 목숨을 살리고 아름다운 도시 프라하를 지금까지 지켜내는데 큰 공을 세웠다고 생각한다. 하지만 처칠은 영웅이 되고, 에밀 하하는 역적이 되었다. 처칠의 서적이나 자료는 차고 넘치지만 에밀 하하의 서적은 찾아볼 수조차 없다. 승자는 기억되고 패자는 잊혀진다. 전쟁에선 더욱 그렇다. 처칠은 아직까지 영국 최고의 총리이자 가장 위대한 총리로 대대로 기억되지만, 에밀 하하는 그저 그런 반역자 정도로 평가되고 있다.

좋은 삶은 좋은 제도 속에 있다

하지만 처칠이 만약 체코 대통령이었다면 어떤 선택을 했을까? 어느 쪽을 선택해도 처칠은 역사에 이름을 남기지 못했을 것이다. 결국 강한 영국이 위대한 총리 처칠을 만들기도 한 것이다. 그리고 2차대전이 그 기폭제가 된 것이다. 앞서 이야기에서도 나오지만 처칠이 그 시기를 그리워할 만도 하다.

나 역시 마찬가지다. 80년대 한국은 말만 민주주의를 앞세웠지 무자비한 시절이었다. 군사독재 시절에다 온갖 검열과 단속, 고문 등이 판치던 때였다. 그럼에도 나에겐 80년대가 인생에서 가장 즐겁고 행복했던 시기이다 보니 다시 그 시절로 돌아가고픈 생각이 간절하다. 처칠이 이해가 되기도 한다.

201

✳ 재미있는 삶은 후회 없는 인생이다.

열심히 일하고 열심히 노는 것이 내 인생의 전부였다.

－《플레이보이》창업자 휴 헤프너

빌 게이츠로 살고 싶은가, 휴 헤프너로 살고 싶은가? 이 두 사람은 남자가 어떤 욕망을 가지고 싶은지 가장 잘 드러내는 인물이기도 하다. 사실 부자야 빌 게이츠 말고도 무수히 많다. 그럼에도 내가 빌 게이츠를 부자들의 대표로 선택한 것은, 빌 게이츠가 지난 수십 년 동안 부에 있어서 막강한 존재였고 지금까지도 그 위상이 크게 달라지지 않았기 때문이다.

그렇다면 휴 헤프너는 어떤가? 플레이보이 창업자로 많은 여자들을 거느리며 부와 권력을 과시하며 생을 보냈다. 나이가 들어서도 손녀뻘 되는 여자들과 연애를 하고 결혼도 했다.

빌 게이츠의 경우 매우 가정적이라 부부 사이에 그동안 문제

좋은 삶은 좋은 제도 속에 있다

가 없었다. 그런데 몇 해 전 언론에서 빌 게이츠 멜린다 부부의 이혼 소식이 전해지면서 그의 이전 사생활에 관한 소문들이 공개되었다. 사람들은 가정적이고 부인밖에 모른다던 빌 게이츠도 별수 없다며 숙덕거리기 시작했다. 그런 점에서 휴 헤프너가 젊을 때부터 늙어 죽을 때까지 젊은 여자랑 놀면서 보낸 것을 보면 분명 그는 빌 게이츠가 가시지 못한 장점을 가졌던 것 같다. 휴 헤프너는 처음부터 그런 이미지여서 그런지 사람들이 그러려니 하지만, 빌 게이츠는 조금 추악하게 변해 버렸다. 당연히 휴 헤프너가 더 난잡하고 추악하다고 사람들은 평가한다. 그렇지만 사람들이 빌 게이츠로부터 충격을 받은 이유는 그가 가정적인 사람이라는 믿음이 있어서였다.

26년생인 휴 헤프너는 2017년, 91세에 별세하였다. 그의 아내는 86년생이다. 빌 게이츠와 휴 헤프너, 마이크로소프트와 플레이보이지, 이 두 상품은 세상을 바꾸어 놓았다. 이 두 사람이 살아온 이야기나 역사에 대해서는 별개로 하고, 결국은 과연 평범한 남자라면 이 두 사람 중 어느 삶을 선택하겠느냐 하는 것이다. 아마도 대부분의 사람들이 빌 게이츠를 선택할 것이다. 빌 게이츠처럼 모범적으로 살아오고, 모두에게 귀감이 되는 인생을 택하는 것은 어렵지 않다. 하지만 휴 헤프너는 도덕적, 윤리적 문제가 그림자처럼 따라다닌다. 그런 인생을 택하는 건, 특히 사람들 앞에서 자신 있게 말하는 건 쉬운 일이 아니다. 하지만 솔직히 남자라면 휴 헤프너의 삶을 그냥 지나치기에는 쉽지 않을 것이다.

4부. 영웅은 혼자서 되지 않는다.

인생에 숭고한 활동은 많다. 빌 게이츠처럼 부를 이루고, 그 부로 인류에 큰 공헌하는 모습은 돈을 많이 가졌다고 할 수 있는 게 아니다. 미국의 기업인들이 존경받는 이유가 그것이다. 만약 당신이 빌 게이츠의 삶을 선택한다면 나는 그런 선택을 존중할 것이다. 하지만 난 빌 게이츠보다는 휴 헤프너의 삶에 더욱 끌린다. 휴 헤프너의 삶이 단순히 죽을 때까지 젊은 여자들과 놀면서 살았기 때문만이 아니다. 물론 그런 것일 수도 있다. 하지만 인생이 뭔가? 우리 인생에서 즐거움과 의미가 없다면 인생을 무엇으로 살아가란 말인가? 빌 게이츠에게는 자신의 부로 재단을 만들어 인류에게 도움을 줄 수 있다는 사실은 분명 큰 의미가 있다. 그것이 아무리 힘들고 고달픈 일이라도 그것이 빌 게이츠에게 의미를 부여할 수 있다면 그것은 가치 있는 일이다. 하지만 빌 게이츠는 너무 모범생 같은 생각이 든다. 마치 학교에서 항상 1등만 하고, 성실하고, 착하고 모범이 되는 그런 학생 말이다. 이런 삶은 피곤하다. 내가 남보다 앞서고, 존경받고, 뭐든 잘해서 좋겠지만 이런 삶은 재미없다. 물론 그런 일들 자체가 재미있을 수는 있다. 하지만 내가 잘해야 한다는 생각, 그런 강박들, 경쟁에서 낙오하면 안 된다는 생각, 실패하면 안 된다는 생각은 가랑비에 옷 젖듯 사람을 불안하게 만든다. 현대인들의 불안이 바로 이런 것들 아닌가. 그래서 B급 인생이 재미있다는 말도 있지 않은가.

휴 헤프너의 삶을 선택하기는 쉽지 않다. 마음속으로는 그렇게 살고 싶어도 그렇게 말할 수 없다. 나 역시 그럴지 모른다. 점

좋은 삶은 좋은 제도 속에 있다

잖은 자리에서 이런 선택권이 주어졌을 때 나는 휴 헤프너의 삶이 좋다고 말할 용기는 없다. 휴 헤프너의 삶은 우리 눈에도 그렇지만 본토인 미국에서도 굉장히 문란할 뿐 아니라 비도덕적이고 비윤리적으로 보일 것이다. 그리고 실제로 휴 헤프너의 사생활과 그의 제국에 있는 여자들과의 여러 가지 일들에 대해 논란이 많았다. 그럼에도 인터넷상에서 나타나는 표현들을 보면 많은 남성들이 한결같이 하는 이야기는 바로 "부럽다"이다.

18세기 작가 슈테판 츠바이크는 이렇게 말했다. "사내인 이상 괴테, 미켈란젤로, 발자크 따위보다는 오히려 카사노바가 되고 싶다고 생각하는 건 당연하다"라고.

빌 게이츠를 대단하다고, 존경한다고는 말해도 부럽다고 말하는 이들은 많지 않다. 사람마다 가치관이 다르겠지만 빌 게이츠는 대단한 인물임이 틀림없지만 모든 남성이 부러워할 만한 대상은 아니다. 그리고 부자는 빌 게이츠 말고도 무수히 많다. 하지만 휴 헤프너는 독보적이다.

휴 헤프너와는 다른 종류지만 레오나르도 디카프리오는 20대 초반 때부터 금발의 모델들만 사귀어 왔다. 그는 지금 나이가 40대 후반인데도 상대하는 여자의 나이는 그대로이거나 더 어려지고 있다.

인터넷에선 "인생은 디카프리오처럼"이란 말을 심심찮게 볼 수 있다. 사실 어떻게 보면 휴 헤프너보다 디카프리오의 인생이 더 재밌을 것이다. 휴 헤프너는 사업가이지 않은가. 플레이보이

205

를 수십 년 운영해 오면서 적지 않게 고생도 하고 위기도 많이 있었다. 하지만 디카프리오는 배우다. 97년 〈타이타닉〉으로 세계적 스타가 되고 난 후 추락한 역사나 위기도 못 들어봤다. 자기 일을 사랑하고 인생도 자기가 원하는 대로 살고 있으며 어떤 굴곡도 없다. 한때는 절정의 꽃미남이었으나 지금은 소위 역변하였지만 말이다. 하지만 디카프리오는 미모 대신 연기파 배우가 되었다. 〈타이타닉〉 이후 자신이 가는 길을 바꾸고 재정비한 것이다. 만약 디카프리오가 꽃미남으로 남으려 했다면 작품선택도 달라졌을 것이고 지금처럼 되지 않았을 것이다. 훌륭한 연기, 다양한 작품, 모두가 인정하는 배우로 성장하는 데는 자신의 결정이 큰 역할을 했다. 게다가 얼마나 재미있게 사는가. 그러니 왜 "인생은 디카프리오처럼" 같은 이야기가 나오지 않겠는가. 그 많은 할리우드 배우 중에 말이다.

휴 헤프너 역시 마찬가지이다. 플레이보이지는 다른 잡지와 차별화했다. 소위 《펜트하우스》나 《허슬러》 같은 류의 잡지와는 확연히 달랐다. 펜트하우스와 허슬러가 포르노를 방불케 하는 잡지였다면 플레이보이는 다양성에 품격을 추가했다. 그러니까 벌거벗은 몸만 보여주는 것이 아니라 칼럼이라든지 연재소설이라든지 여러 가지 콘텐츠를 집어넣으면서 차별화하였고, 그 결과 플레이보이지는 기타 잡지와는 다른 성과와 성공을 거뒀다.

한때는 모두가 사업가가 되는 게 꿈이었던 시절이 있었다. 뭐가 되고 싶냐고 물으면 구직자들은 사장이 되어야 한다거나 사업가가 되고 싶다거나, 아니면 더 큰 꿈을 말해야 했다. 그것이 곧 비전이었기 때문이다.

지금은 그렇지 않다. 세상이 바뀌었다. 사업가나 사장으로 사는 일은 정말 힘들고 피곤하다. 이건 요즘 공통된 생각이다. 나 역시 마찬가지다. 평생 직원으로 살아도 괜찮다. 기성세대들이 들으면 야망이 없다거나 목표가 없다고 할 수도 있을 것이다. 왜 야망과 목표가 꼭 사업가나 회사 간부여야 하는가? 모두가 사장이 될 필요는 없다.

하지만 평범한 직원으로 평생을 살려고 한다면 한 가지 명심해야 할 것이 있다. 살면서 큰 위험 없이 무난하게 인생을 보낼 수야 있겠지만 큰 성공은 하지 못한다는 것이다. 반대로 말하면 사장도 마찬가지이다. 사업이든 장사든 따라붙는 소위 '리스크'는 늘 떠안고 살아가야 한다. 각각 가지고 있는 장점과 단점이 너무 매력적이다. "그딴 거 필요 없고 난 무조건 사업이나 혹은 투자를 해서 대박을 터트릴거야!"라고 생각한다면 그 역시 좋은 것이고, "난 평범해도 좋으니 그런 리스크는 껴안고 못살아!"라고 생각한다면 그 역시도 좋은 것이다. 문제는 자신이 선택한 결과에 대한 단점을 인정하고 받아들이면 되는 것이다. 하지만 모두 평범한 직원으로 살려고 한다면 발명가나 혁신가들은 등장하지 못할 것이고 당연히 빌 게이츠나 휴 헤프너 같은 사람은 나올 수가 없다.

어쨌든 세상에는 빌 게이츠나 스티브 잡스, 일론 머스크, 제

4부. 영웅은 혼자서 되지 않는다.

프 베이조스, 마크 저크버그와 같은 인물도 있어야 하지만 휴 헤프너 같은 인물도 있어야 한다. 세상에는 불편함과 고통을 무릅쓰고 난관을 뚫어 세상을 바꾼 이들이 많다. 꼭 사업가만을 이야기하는 것이 아니다.

　어떤 인생을 살고 싶은지는 개인의 취향이다. 하지만 편하게 살고 싶은 것은 인간의 본능이다. 특히 남자라면 아무리 성인군자라 할지라도 예쁜 여자를 맘껏 안아보고 싶은 욕망이 어찌 없겠는가? 기업인뿐만 아니라 높은 윤리관과 도덕관을 가져야 할 정치인, 종교인, 의료인, 법조인도 아랫도리 잘못 놀려 인생 망가진 사람이 어디 한둘인가? 툭하면 터져 나오는 성추행, 성폭행. 이런 것들은 기혼 미혼을 가리면서 나타나지 않는다. 흔히 그런 기혼자들도 디카프리오나 휴 헤프너의 삶을 부러워하지 않는가. 하지만 아까도 말했듯이 개인의 가치관에 따라 휴 헤프너의 삶은 소위 극혐이 될 수도 있을 것이다. 내 입장에서는 빌 게이츠의 삶이 힘들기만 하고 별 재미도 없게 느껴지지만 조금만 더 생각해 보면 그렇지도 않다는 것을 알 수 있다.

　인간의 삶에서 '재미'와 '의미'는 양대산맥이다. 무언가를 성취하고 달성하고 목표를 세우는 것은 즐거움이 대신할 수 없다. 그것은 의미다. 빌 게이츠의 삶도 즐거움보다는 의미로 완성되었다. 내가 만드는 소프트웨어가 어떤 기술이고, 이것이 인류발전에 어떤 역할을 하는지는 재미있기 때문에 하는 거와는 다르다. 그것은 의미다.

기부도 마찬가지이다. 빌 게이츠가 단순히 돈이 썩어나서 재단을 만들어 기부를 하겠는가. 그것은 의미다. 내가 이룬 부로 굶주리는 사람들을 돕고 공부를 시키고, 백신을 만들고, 더 향상된 삶을 살 수 있게 하는 건 본인이 재미있어서 하는 것이 아니다. 그것은 사명이자 의미다. 사실 이것은 구분하기가 힘들지도 모른다. 휴 헤프너도 자신의 일이 즐거움보다는 의미를 가졌을지도 모른다. 즐거움과 의미는 어떻게 해석하느냐에 따라 달라지기 때문에 무엇이 즐거움이고 의미인지 정확하게 말하기 힘들다.

문제는 휴 헤프너의 사생활에 편견을 가지고 휴 헤프너가 이룬 성과를 폄훼하는 것이다. 남자들은 그러면서도 휴 헤프너 같은 삶을 부러워한다는 것이다. 일이든 놀이든 재미와 의미를 찾는다면 삶을 가치 있게 살 수 있고 후회 없는 인생을 살 수 있을 것이라 생각한다.

＊ 누구도 돈 앞에
장사 없다.

아쿠아 맨 : "너의 수퍼파워는 뭐야?"

배트맨 : "돈 (rich)"

- 영화 <저스티스 리그>

　　DC코믹스의 간판스타이자 전 세계 사람들에게 가장 인기가 많은 수퍼영웅인 슈퍼맨과 배트맨, 이들은 엄청난 세계관을 가지고 있으며 명확하고 깊은 철학을 가지고 있다. 슈퍼맨과 배트맨을 가장 잘 대변해 주는 말은, 슈퍼맨은 '인간보다 더 인간 같은 외계인'이고 배트맨은 '외계인보다 더 외계인 같은 인간'이다. 슈퍼맨은 자신을 희생해 가면서 사람들을 돕거나 목숨을 구하는데, 슈퍼맨에게 가장 잘 어울리는 단어는 아마도 '윤리와 도덕' 같은 표현이 아닐까 싶다. 실제로 슈퍼맨 역할을 한 배우 헨

　좋은 삶은 좋은 제도 속에 있다

리 카빌은 2018년 톰 크루즈 영화 〈미션 임파서블:폴아웃〉의 홍보차 방한했을 때, 어느 기자가 신작 영화에서의 역할의 관한 질문을 하자 "악당인 워커에게 슈퍼맨의 윤리관을 심어주고 싶었다"는 말을 하기도 했다. 이처럼 슈퍼맨은 인간들을 도와야 한다는 신념이 굉장히 강하다. 오죽하면 '슈퍼맨 콤플렉스'라는 말까지 있지 않은가.

반면에 배트맨은 자신의 개인적인 복수심을 앞세워 악을 처단하기는 하지만 정의의 이름하에 옳지 않은 방식으로 악을 대하는 경우가 많다. 초인적인 힘과 초능력을 가진 슈퍼맨이지만 사람들은 왜 배트맨을 더 무자비하다고 할까.

언젠가 〈다크 나이트〉에서 브루스 웨인 집사로 출연한 영국 배우 마이클 케인은 슈퍼맨과 배트맨을 이런 비유로 표현을 했다.

"미국은 자신들이 행하는 정의는 슈퍼맨식이라 생각하지만, 외국에서 보는 미국식의 정의는 배트맨에 가깝다."

정말 기가 막힌 표현이다. 배트맨은 고담시가 범죄가 없는 도시, 배트맨이 없어도 되는 날을 꿈꾸지만 어쩌면 배트맨에게 있어 행복은 '고담'일지도 모른다는 생각을 해 본다. 슈퍼맨은 악이 없어도 살 수 있지만 배트맨은 악이 없으면 왠지 못살 거 같은 느낌이 든다. 지루해서 주리를 틀고 있는 배트맨을 상상하면 웃음이 나온다. 악을 명분으로 하지만 실제로는 즐기고 있는 것

211

은 아닌가 하는 생각도 든다.

수퍼 영웅의 기본 조건은 하늘을 나는 것이다. 날지 못하는 수퍼 영웅은 왠지 약해 보인다. 사실 배트맨도 하늘을 날지 못하지 않은가. 그래서 사람들은 마블의 캡틴 아메리카 같은 영웅들을 좋아하면서도 다들 자신이라면 아이언 맨이 되고 싶어한다.

나도 어렸을 때는 수퍼 영웅을 동경했다. 〈스파이더 맨〉도 드라마로 보았고, 그 전에 〈슈퍼맨〉도 드라마로 본 기억이 있다. 가장 큰 기억은 80년대 〈두 얼굴의 사나이〉였다. 헐크 드라마였는데 당시 정말 엄청난 반응 속에 방송되었고, 압도적인 재미에 정신을 못 차릴 정도였다. 당시 헐크 흉내도 많이 내고 친구들이 모이면 다들 헐크 얘기만 했다. 특히 화가 나면 눈알이 바뀌고 바지가 찢어지면서 피부가 녹색으로 변하는 장면은 아직도 눈에 선하다. 오히려 지금의 헐크는 CG기술의 엄청난 발전으로 이미 눈에 익숙해져 어렸을 때 보았던 충격과 설렘보다 감동이나 충격이 크지 않다.

하늘을 날고 싶다는 인간의 꿈은 인류 역사와 함께해 왔다. 비행기도 결국은 하늘을 날고 싶다는 인간의 욕망이 실현된 도구 아니겠는가. 성인이 된 지금의 나는 여전히 슈퍼맨이 좋고, 슈퍼맨 영화를 손꼽아 기다린다.

하지만 만약 내가 현실에서 무언가 될 수 있다면 두말할 필요도 없이 배트맨이다. 조금만 생각해 보면 배트맨이 슈퍼맨보다 좋다는 걸 알 수 있을 것이다. 왜 그럴까? 하늘을 날아다닌 다는 건 악당을 물리치는 수퍼 영웅들에게 좋은 것이다. 하긴 슈퍼맨도 평상시엔 클락 켄트로 살아가지 않은가. 그 말은 다른 사람들과 똑같이 한 인간으로 살아간다는 뜻이다. 신문사 기자 로 돈을 벌면서 법도 지켜가면서 말이다. 그러나 하늘을 난다는 건 신나는 일이겠지만 그것이 일 년이 되고 십 년이 되면 틀림없 이 지루할 것이다. 어떤 즐거운 행위도 반복하다 보면 지겨움으 로 변한다. 로또에 당첨되어도 초반의 그 기쁨과 환희는 절대 오 래가지 못하는 것과 같은 이치다.

하지만 결국엔 돈 앞에 장사 없다. 돈을 쓰는 데는 지루한 것 도 없다. 돈이 있으면 수백 가지 경험도 할 수 있다. 하늘을 나 는 건 동일한 행위이지만, 돈을 맘대로 쓴다는 건 여러 가지 기 쁨과 만족, 쾌락을 충족시켜 준다. 돈을 많이 써서 지겹다는 말 은 못 들어봤다.

사람들이 보통 하늘을 나는 행위를 '자유'로 많이 비유한다. 새만 해도 새에 관해 자유를 빗댄 시나 글들이 얼마나 많은가. 문화평론가 김헌식이 쓴 《잡담》이라는 책에는 이런 글이 나오는 데 상당히 새겨 둘 만하다.

"부러움과 선망은 왜곡과 착오에서 시작되는 경우가 많다. 새 는 자유의 상징으로 여겨진다. 새처럼 자유롭게 날아다니고 싶 은 인간의 바람이 투영되지만 날아다니는 것이 바로 자유인지

4부. 영웅은 혼자서 되지 않는다

는 모른다. 저 날아다니는 새는 위험에서 피하기 위해 바삐 날아가는 것일 수도 있다. 아니면 급히 먹을 것을 구하기 위해 비나 천둥을 피하기 위해서 인지 모른다. 인간은 오로지 새의 나는 능력 그 하나를 추구하고 싶은 것이다. 하지만 자신이 가지고 있는 것을 새에게 주지는 않을 것이다. 대부분의 새는 인간보다 일찍 죽으며 야생의 세계에서 엄혹한 환경에서 노출되어 있으니 과연 새를 부러워만 할 것인가?"

브루스 웨인의 삶이 좋은 것은 인간으로 살아가기 때문이다. 하늘 따위 날지 않아도 된다. 실제 영화 속 브루스 웨인처럼 썩 어나도록 많은 돈으로 쓰고 싶은데 쓰고, 좋은 일도 하고, 여자와도 실컷 놀면서 산다면 얼마나 좋을까. 인간은 어떤 조건에 처해있나에 따라 자신의 환경이 달라진다. 천하의 슈퍼맨도 인간으로서 살아가려면 쉽지 않다. 막대한 부를 소유한 배트맨이 아무리 강력한 무기를 갖춘다 해도 신과 같은 외계인과의 싸움은 쉽지 않거나 늘 패할 것이다. 실제로 영화에서도 그렇고 말이다. 날 때부터 억만장자인 브루스 웨인을 돈으로 못 따라가듯, 날 때부터 외계인인 악당을 따라잡지 못하는 건 당연하다. 그래서일까. 클락 켄트에겐 브루스 웨인이 필요하고, 배트맨에겐 슈퍼맨이 필요하다. 그리고 남자라면 누구나 배트맨은 아니더라도 브루스 웨인 같은 인물을 꿈꾸기도 한다. 그렇지 않다면 남자가 아니다. 결론은 뭔가? 허무하게도 역시 돈이 최고라는 건가? 하기는 인간 세상에서 돈보다 강력한 것이 어디 있을까.

좋은 삶은 좋은 제도 속에 있다

영화 〈저스티스 리그〉에서는 이런 재미난 장면이 나오긴 한다. 아쿠아 맨이 배트맨을 보며 당신의 수퍼파워는 뭐냐고 묻자 배트맨은 "돈(rich)"이라고 말한다. 하늘을 날든, 순간이동을 하든, 어떤 초능력을 가져도 하루하루 끼니를 걱정하고 어떻게 먹고 살아야 하는지를 고민한다면 그런 것들이 무슨 소용이 있나. 영화 마지막 장면에서는 은행에 차압 당해 잃어버린 클락 켄트의 부모의 집을 브루스 웨인이 찾아준다. 어떻게 찾았냐는 클락 켄트의 말에 브루스 웨인은 말한다. "은행을 사버렸어."

아… 역시 인간으로 살아가기엔 돈보다 강력한 수퍼파워는 없다.

* 다른 삶을 꿈꾸는 인간

나는 밤에 꿈꾸는 게 아니라 하루 종일 꿈을 꾼다.
나는 살아가기 위해 꿈을 꾼다.

– 스티븐 스필버그

김신회 작가의 《심심과 열심》이라는 에세이를 보면 이런 이야기가 나온다.

"세상에는 두 부류의 사람이 있다. 학창시절을 떠올리면서 다시 한번 그때로 돌아가고 싶다고 생각하는 사람, 반대로 절대 돌아가고 싶지 않다고 생각하는 사람이다. 나는 후자다. 학창시절만 생각하면 한숨부터 나온다. 더는 학교를 다니지 않아도 된다는 사실만으로도 삶의 질이 대폭 상승했다."

좋은 삶은 좋은 제도 속에 있다

이 글을 읽고 의아했다. 왜냐하면 대부분의 사람들은 반대로 생각하기 때문이다. 학창시절이 그리 아름답지 않았더라도 모두가 학창시절을 그리워한다. 그건 반대로 직장생활을 하는 사회생활이 그만큼 힘들다는 이야기이기도 하다. 새로운 것도 없고 힘들고 외롭고 같은 일상만 반복하는 어른의 삶을 학창시절과 비교할 수 없다. 물론 학창시절에도 힘들고 반복되는 일상이긴 하겠지만 어른의 삶과는 본질적으로 다르다. 거의 모든 사람들이 회사를 다니지 않아도 된다는 사실만으로도 삶의 질이 대폭 상승할 것이다.

학교라는 공간이 그렇게 낭만적이지 못하고 치열한 경쟁과 피로가 있을지라도 우리는 대부분 학창시절을 그리워한다. 물론 작가의 개인적인 생각이고 실제로도 학창시절로 돌아가고 싶지 않다는 사람 또한 많다. 우리 집만 하더라도 둘째 누나는 과거 이야기 자체를 아예 좋아하지 않는다. 과거로 돌아가고 싶다느니 그런 건 일체 하고 싶지도 않고 생각조차 않는다고 한다. 가만히 생각해 보면 학창시절로 돌아가고 싶다는 말은 그 시절이 그리워서이기보다는 꽃다운 나이, 어린 나이, 새로 시작할 수 있다는 사실 때문일지도 모른다. 그 시절의 꿈과 희망은 늘 아름답다.

하지만 나이 들어 품는 꿈과 희망은 조심해야 한다. 그런 것들이 사람을 일으키기도 하지만 나락으로 떨어뜨리기도 하기 때문이다. 꿈과 희망이라는 본질 자체가 그런 성질이긴 하다. 그러기에 내가 품고 있는 꿈이 현실적으로 얼마나 가능한 것인지,

217

이것이 정말 허황된 꿈인지, 이 꿈을 이루기 위해선 어떤 희생이 필요한지 알아둘 필요가 있다. 그렇지 않으면 꿈과 희망은 허망으로 끝나기 십상이다. 그리고 사실 대부분 사람들의 삶이 그렇다.

몇 년 전 재미있는 뉴스가 있었다. 청주에 한 중학교 교장이 학생들에게 '형편에 맞는 꿈을 가지라'고 했다가 비난을 받았다는 내용이 뉴스에까지 보도됐다. 그 교장의 말은 그렇지 않으면 가족이 힘들어질 수도 있다는 것이었다. 이 교장의 말 자체는 언뜻 잘못된 말은 아닌 것 같기도 하지만, 문제는 중학생들을 상대로 했다는 점이다. 우리 아버지 세대에는 가족을 위해 꿈과 희망을 포기하고 자기 자신을 희생하던 때가 있었다. 동생들의 공부를 위해 공장에 일하던 시대가, 또는 오빠의 학업을 위해 자신이 공부를 포기하고 취업하던 시대가 있었다. 요즘 아이들이 들으면 호랑이 담배 피던 시절이라 생각할지도 모를 일이다. 이렇게 꿈과 희망은 어떤 세대에 특정 짓느냐에 따라 의미해석도 달라진다.

앞서 말했지만 사실 대부분 사람들의 꿈은 허망으로 끝나는 경우가 많다. 마광수 교수는 "절망보다 더 화근이 되는 것이 희망이다"고 하면서 "야망이 곧 만능이 아니며 야망은 곧 허망으로 이어지기 쉽기 때문"이라고 했다.

우리는 나이를 먹으면서 학창시절에 꾸었던 꿈들 혹은 젊은

좋은 삶은 좋은 제도 속에 있다

시절 꾸었던 희망 같은 것들이 모두 다 일장춘몽에 불과하다는 현실에 맞닥뜨리게 된다. 자신의 위치와 능력을 깨닫고 현실에 순응하고 살아간다는 것은 인생에서 굉장히 중요하다. 그것은 포기도 아니고 체념도 아니다. 그것은 자기 자신의 한조각 한조각을 알아가고 있다는 뜻이다. 그것은 오히려 인생의 큰 진보다.

그럼에도 다시 돌아가고 싶나는 생각이 쓸데없는 망상일지라도, 그것이 한순간 사람을 낙원으로 데려갈 수 있다면 나쁘지 않다고 생각한다. 나 역시도 한때는 그런 것들을 쓸데없는 몽상이라 생각했지만 나이가 들면서 생각이 달라졌다.

영화 〈인셉션〉에서 주인공 돔 코브가 마침내 집으로 돌아가 아이들을 만나는 것이 비록 꿈일지라도 그것이 현실을 지탱하는 힘이 될 수 있다면 난 좋다고 본다. 그것이 현실을 해치지 않는 적당한 선에서는 인생의 권태를 이겨내고 윤활유 같은 역할을 하기 때문이다.

우리 모두는 다른 세상을 꿈꾼다. 더 나은 내가 될 수 없다는 사실, 더 훌륭한 사람, 더 인기 있는 사람, 더 유능한 사람이 될 수 없다는 사실, 어렸을 적 꾸었던 꿈들, 대학 시절 지향했던 목표들이 좌절했던 일들, 그래서 그저 그런 회사에서 그저 그런 일들을 하며 평범하게 살아가는 우리의 모습들, 이런 것들이 인간의 인생에 보편적인 일들이지만 사람들은 받아들이기 힘들어한다. 받아들이며 사는 일은 재미없다. 우리는 무언가 다른 생각을 해야 한다. 그래야 살아갈 수 있기 때문이다. 누구라도 마찬가지이다.

서울대 김영민 교수가 쓴 《아침에는 죽음을 생각하는 것이 좋다》에서는 이런 좋은 표현이 나온다.

"사람들은 과거에 존재했던 것만 그리워하는 것이 아니라 한 번도 존재해본 적이 없는 것도 그리워한다. 부재를 견디고 그리워하는 것으로 소진되는 생…. 인간은 그 가상 현실 속에서 그렇지 않았으면 누릴 수 없었던 질서와 생존의 에너지를 얻는다. 그리하여 나는 2018년이라는 평행우주에서 야구선수로 살고 있는 또 다른 나를 생각하겠다. 새해에 쏟아져 내리는 눈송이들은, 모래시계 속으로 떨어져 내리는 시간이 입자가 아니라, 살고 싶었으나 끝내 살지 못했던 삶을 대신 살아주는 또 다른 내가 때려낸 홈런들이라고 생각하겠다. 이것이 내가 올 한해를 계획하는 방식이니, 시간이여, 또 한 해치를 쏟아부어라."

이렇게 성공한 교수조차도 다른 세상을 꿈꾸고 있는데 하물며 일반인이야 오죽하겠는가? 이것은 성공과는 별개의 문제일 수도 있다. 우리는 이렇게 현실을 지탱해 줄 무언가를 상상하면서 현실을 이겨내고 일상을 살아간다.

존재하지 않는 세상에서의 또 다른 내가 누비는 세상, 그 허망하고 짜릿하고 즐거운 몽상은 인생의 성공과는 별개로 지속된다. 유효기간도 없다. 즐겁다면 말이다. 하지만 현실의 즐거움

좋은 삶은 좋은 제도 속에 있다

을 당해내진 못한다. 다른 세상에서의 나는 가상의 인물이다. 현실의 내가 아니다. 어떻게든 현실에서 무엇이 나를 즐겁게 하는지, 내가 무엇을 좋아하는지, 무엇을 하며 보내야 할지 끊임없이 고민하지 않으면 삶은 끝없는 권태의 시간이 될 수밖에 없다. 누구의 인생도 마찬가지이다.

5부.

*

자본은 인간을

어떻게 길들였나

✳ 인류의 적은
불평등이다.

21세기 불평등은 그냥 보통의 불평등이 아니라 돈의
많고 적음에 따라 사회적 신분이 결정되고 부와 신분이
세습되는 경향이 강해지는 불평등이라는 점을 많은
학자들이 지적하고 있다. 다시 말해 금수저, 흙수저의
대물림이 21세기 불평등의 특징이라는 것이다.

— 이정전 《주적은 불평등이다》

몇 해 전 '세상 사람들의 걱정거리는 코로나가 아니었다'라는
재미있는 기사를 읽었다. 오히려 가장 큰 걱정거리는 빈곤과 불
평등이라는 것이었다. 국제 여론조사업체 입소스가 28개국을
대상으로 매달 실시하는《세계의 걱정거리》조사는 빈곤과 불

평등이 실업과 코로나를 제쳤다. 당시 나는 불평등이 1위를 한 게 너무나도 당연한 결과라고 생각했다. 실제로 불평등은 인류가 직면한 가장 큰 위협이다. 특히 우리나라는 미국과 더불어 가장 불평등이 심한 나라 중 하나인데 사람들이 별로 인식하지 못하는 것 같기도 하고, 인식은 하지만 바꾸기 힘든 시스템 때문에 그냥 체념하고 살아가고 있는 거 아닌가 하는 생각이 든다. 우리나라는 실업이 1위로 나왔고, 다음으로 코로나, 그리고 부패, 빈곤 및 불평등 순으로 나왔다.

예전에 소행성 충돌을 다룬 영화 〈돈룩업〉을 봤는데, 나는 감히 말하자면 소행성 충돌만큼 불평등이 위험하다고 확신한다. 인류의 당면한 가장 큰 위협은 두말할 필요도 없이 불평등이다. 이는 세계 석학들도 인정한 말이기도 하다. 사실 불평등은 평범한 삶을 살아가는 사람들에게는 손댈 수 없는 문제이기도 하다. 바꾸자고 해서 쉽게 바꿀 수 있는 영역이 아니기 때문이다. 고려대 장하성 전 교수는 2015년 자신의 저서 《왜 분노해야 하는가》에서 불평등에 대해 이렇게 말했다.

"아쉽게도 불평등이 이미 심각한 수준에 이르렀을 뿐 아니라 혁명적인 변화가 없이는 바로잡기 어려울 정도로 구조화된 이제서야 한국사회의 화두가 된 것이다. 지금의 상황은 어느 날 갑자기 생겨난 것이 아니다. 지난 20년 동안 지속적으로 그리고 가파르게 악화되어 온 결과다."

좋은 삶은 좋은 제도 속에 있다

어떤 학자는 불평등을 개선하기 위한 방법이 두 가지가 있다고 했다. 첫 번째는 전염병이고 두 번째는 전쟁이라고 했다. 둘다 파괴적이고 잔인한 해결책이다. 이 말은 결국 불평등은 해결하기 불가능하다는 말이기도 하다. 도대체 어떤 전염병이 나와야 한단 말인가. 코로나 시대에도 오히려 불평등의 격차는 더욱 커졌다. 정말 답이 없는 걸까? 안타깝게도 그렇지 않을까 생각한다. 세계 석학들은 불평등에 대한 성찰을 요구하지만 개선의 여지는 보이지 않는 것 같다. 불평등을 개선하기 위해서는 사회적 시스템도 물론이거니와 사람들의 의식 수준도 바뀌어야 하는데 엄청난 시간이 걸린다. 어쩌면 수십 년을 노력하고 애써도 바꾸기 힘든 시스템일지도 모른다.

우리나라 사람들은 정치 권력을 바꾸는 데는 수십만이 거리로 나와 항의하고 변화를 외치지만, 정작 사회 불평등이나 빈곤, 환경, 양극화, 차별 등과 같은 분야에 대해서는 잘 나서지 않는 것 같다. 난 늘 이 점이 답답하고 안타깝게 생각되었는데 아니나 다를까, 학자들도 그렇게 생각하는 사람들이 많았다. 강준만 전북대 교수는 《강남좌파2》에서 "우리는 왜 정치적 사건을 둘러싼 갈등엔 수백만 명의 인파가 모이면서도 이런 절박한 민생문제엔 무관심한 걸까?"라고 한탄했고, 한양대 이영작 석좌교수는 한발 더 나아가 이렇게 말했다.

"대한민국은 민주주의 국가라지만 국가권력이 국민에게 있는 것이 아니라 소수에게 집중되어 있는 엘리트주의 국가다. 왕조 시대에는 과거, 지금은 공무원 임용고시에 합격한 사람들이 정부를 차지한다. 이 엘리트들은 정부를 떠나면 국회의원이 되고 장관이 되고 중요한 사회 분야의 지도자가 된다. 정부와 정치, 사회지도층이 한통속이 되어 엘리트 마피아가 돼버린다. 국민이 직접 뽑는 대통령제도를 확보하였을 뿐 그 외 어떤 것도 왕조와 다른 것이 없다. 반쪽짜리 민주주의이다."라고 했다.

강수돌 작가 역시 《강자동일시》라는 책에서 이렇게 말했다.

"청와대로 상징되는 정치 권력에 대해서만 어느 정도 비판적 성찰이 이루어졌지만, 자본경제 권력과 지식문화 권력의 동맹에 대해선 그 어떤 비판도 제대로 시도조차 되질 않았다.… 우리는 청문회 때 개인적 차원의 윤리적 비판에만 떠들썩하고 차별과 격차, 불평등과 분열을 낳고 있는 구조와 시스템에 대한 본질적 관심은 보이고 있지 않다.… 사회 전반적으로 벌어진 이 구조적 격차, 자산 격차, 소득 격차, 학벌 격차, 학력 격차 등을 어떻게 줄이고 모두 골고루 잘살 수 있게 만들 것인가."

이렇듯 우리는 흔히 국가권력이 국민에게 있고, 국가의 주인은 국민이라고들 하지만, 허울뿐이고 실은 소수 권력들이 다 해먹는 시스템이다. 이들은 자신을 지탱하는 이 구조를 바꿀 생각이 없고, 바꿔서도 안된다. 이 견고한 시스템이 자신들의 기득권을 보장하기 때문이다. 문제는 불평등이 성장을 위해 어쩔 수 없는 거라든지, 불평등은 인류의 역사만큼 깊다든지 혹은 다른 나라도 다 그렇다는 식으로 퉁 치고 넘어가는 사람들이 많다는 것이다. 그러니까 인간사회에서 불평등은 필요악이라는 말인데, 이런 주장은 황당하고 화가 나는 말이기도 하다. 불평등이 시작된 시기는 약 1만 년 전 농경시대 때부터인데 이것이 극도로 심화된 것은 최근의 일이다. 즉, 인류가 살아온 역사 가운데 90% 이상은 평등한 사회였다는 말이다. 이런 사실을 알지 못하면 불평등은 인류 역사에서 당연하게 존재해 왔던 것으로 치부하기 십상이다.

《IMF, 불평등에 맞서다》라는 책에서는 자본주의를 상징하는 기관의 최고봉으로써 늘 자본의 입장을 대변해 온 IMF가 왜 이런 시각을 갖게 되었는지 말해 주는 책이다. 소위 '인간의 얼굴을 한 IMF'의 변신은 상당히 반가웠다. 이 책에서는 "과도한 수준의 불평등은 사회적, 도덕적인 이유에서만이 아니라 성장과 효율성에도 좋지 않다며 불평등과 성장의 관계가 복잡할 수는 있지만 평균적으로는 더 높은 수준의 불평등은 더 낮은 수준의 그리고 덜 지속 가능한 성장을 가져온다"고 주장한다. OECD 역시 "불평등은 경제성장을 저해하는 주요 요인"이라고 주장한다. 2015년 11월 2일 한겨레 신문은《불평등은 경제성장 걸림돌 OECD, IMF 등 시각 바뀌었다》라는 제목으로 기사를 실었다. 결국 불평등이 성장을 저해한다는 내용이다.

227

성장 역시 마찬가지이다. 70~80년대는 경제성장이 국가의 최우선 과제였다. 경제성장만 하면 국민들은 다 행복해질 줄 알았다. 국가도 이념처럼 경제성장을 주입하기 시작했고, 국민들은 너도나도 잘살아보자며 허리띠를 졸라매고 열심히 일했다. 실제로 성장과실이 대체로 골고루 분배되던 시절이었다. 하지만 90년대 김영삼 정부가 세계화를 정책의 주요이슈로 하면서 심해졌고, 절정은 외환위기가 시작되면서 그 격차는 시작됐다. 이른바 신자유주의 시대가 도래한 것이다.

경제만 성장하면 모두 다 잘 살 거라는 예상과는 달리 가진 자는 더욱 풍요롭게 되고, 빈자는 더욱 궁핍한 사회가 되었다. 뒤에 경제성장에 관해 다시 설명하겠지만 실제로 경제위기나 불황은 부자들에게는 아무런 타격이 없다. 그 폐해는 거의 대부분 가난한 사람들이 겪게 된다. 우리는 여기서 의문을 가져야 한다. 어디서나 맛있는 음식을 먹을 수 있고, 가고 싶은 곳은 어디든 갈 수 있는 시대. 한 손에 잡히는 기계로 누구와도 소통할 수 있고, 뭐든 살 수 있는 시대. 하지만 왜 우리는 갈수록 더욱 불행해지는 걸까. 왜 우리의 삶은 항상 힘들기만 할까.

최근에는 '각자도생'이라는 말이 일반화되고 있는 것 같다. 마치 지금의 시대에 당연한 이치처럼 인식되고 있는데 도대체 왜 이렇게 된 것일까? 각자도생이라는 표현은 용어 자체도 강력하지만 파급력도 있고 게다가 뭔가 심오한 메시지를 던져주는 듯한 느낌이 있다. 그리고 지금과 같은 시대에 더없이 좋은 생존법처럼 인식되어 있다. 하지만 각자도생은 가장 이기적이고 위험한 삶의 형태라고 생각한다. 사회가 힘들어질수록 연대와 배려가 필요한데 왜 각자도생이 더욱 맹위를 떨치는 걸까?

각자도생은 외환위기를 맞이한 97년말 이후부터 사회현상으로 나타나기 시작했다. 평생직장이라고 생각해 왔던 곳에서 해고당하고, 거리로 나오면서 이제는 믿을 것은 나 자신밖에 없다는 생각, 무엇도 나를 지켜주고 보호해 주지 못한다는 생각이 들불처럼 번져나갔다. 그렇게 외환위기에서 시작된 각자도생이 끈질긴 생명력을 가지고 지금까지 살아남았는데 문제는 2010년 후를 시작으로 헬조선, 노오력, 88만원 세대, 갑질 등 사회현상을 관통하는 메시지들이 등장하면서 왠지 모르게 각자도생은 더욱 힘이 세졌다. 오히려 그 반대가 되어야 하지 않을까?

이는 우리 사회가 서로를 믿지 못하고 불신하는 사회가 되어 버렸기 때문이다. 실제로 OECD 국가 중 상대방에 대한 신뢰나 믿음에 있어서 가장 하위권에 속해 있다. 이러니 상대방에 대한 배려나 관용은 없는 게 당연하다. 게다가 저성장이 고착화되고, 취업은 예나 지금이나 여전히 힘들다. 내일의 행복보다는 당장 눈앞에 보이는 오늘의 행복에 집중하고, 누구에게 기대거나 도움을 받는 일도 없다. 오직 개인만 있을 뿐이다. 이러니 연대를 통해 사회를 바꾸어 나가는 일도, 그런 것들을 통해 더욱 살기 좋은 세상을 만드는 일도 더욱 멀어진다.

각자도생은 우리 사회 기득권들이 가장 좋아할 삶의 방식이

229

기도 하다. 부와 권력을 더욱 강화시킬 수 있고, 사회 전체적으로도 자신의 입지를 더욱 탄탄히 다져나갈 수 있기 때문이다. 그렇게 되면 답이 없다. 불평등, 양극화, 빈곤 등 우리 사회 메가톤급 사회문제들을 해결해 나가기는커녕 더욱더 격차가 벌어질 뿐이다. 각자도생으로는 그 어떤 해결방법도 없다. 밑 빠진 독에 물 붓기에 불과하다. 현상유지도 안된다. 보통의 삶을 살아가는 서민들에게 우리 사회가 '각자도생'을 처방전으로 내민다면 그건 정상적인 국가가 아니다. 그렇다면 국가정책도, 국가도 필요 없다. 국가가 누구를 위하여, 무엇을 위하여 존재하는지 생각해 보아야 한다.

사회심리학자 김태형은 자신의 저서 《가짜 행복 권하는 사회》에서 이렇게 썼다.

"불평등이 심한 사회는 예외 없이 신뢰 지수가 낮은데, 그것은 불평등이 필연적으로 사회분열과 불화를 낳기 때문이다… 자본주의 사회는 설사 평등 수준이 높다 하더라도 계산적인 인간관계가 지배적인 사회다. 따라서 불평등이 심할 경우 자본주의 사회의 인간관계는 그야말로 엉망진창이 돼버릴 수밖에 없다. 불평등이 온갖 정신질환이나 사회악의 근본 원인이자 행복을 파괴하는 주범으로 지목되는 이유가 바로 여기에 있다."

불평등은 어쩌면 자본주의 사회에서 해결 불가능할지 모른

다. 한다고 해도 엄청난 고행길이다. 몇 가지 손본다고 해결될
성질의 것이 아니다. 그렇지만 불평등은 모든 불행으로 가는 지
름길이다. 이것을 해결하지 않고는, 이런 근본적인 문제에 칼을
대지 않고는 그 어떤 행복도 기대할 수 없다. 그리고 다소 과장
된 표현일지 모르겠으나 어쩌면 불평등의 해결은 만병통치약이
될 수 있을지도 모른다.

＊ 돈과 어느 정도 타협이
　　필요하다.

돈이 얼마나 많아야 행복한지에 대한 질문은 핵심을
벗어나 있다. 연봉이나 통장잔고 보다는 욕망의 크기,
소유하고 싶은 대상이 사람마다 다르기 때문이다.
삶의 목표와 가치는 제각각이더라도, 우리가 살고 있는
대한민국의 정치, 경제, 사회 등 현실의 문제를 외면한 채
홀로 행복해지는 방법은 없다. 적극적인 사회 참여와
함께 살아가는 사람들과의 연대가 행복의 전제조건이기
때문이다.

　　　　－ 류대성 《질문하는 삶, 살면서 한 번쯤은 짚고 넘어가야 할 것들》

　　　　　　　　　좋은 삶은 좋은 제도 속에 있다

젊었을 때는 삶이 더 나아질 거라는 희망이 있었다. 하지만 이제 우리는 나이를 먹을수록 삶이 더 나아지기는커녕 더 나빠지지만 않기를 바란다. 나에게 좋은 일이 오는 것보다 나쁜 일이 닥치지 않는 것이 더 중요해졌다. '손실 회피'라는 말이 있다. 이 말은 얻은 이익보다 잃은 손실의 고통이 더 심하다는 것이다. 이익의 기쁨보다 잃은 고통이 몇 배는 더 크다는 것이다.

이와는 다른 표현이지만 '현상유지 편향'이라는 말이 있는데 살아오면서 자신이 해 온 방식이나 결정, 자신이 만들어온 삶의 방식에서 벗어나기를 꺼려한다는 것이다. 이는 가능성이 없는데도 그만두지 못하고 계속하거나 방향을 틀어야 함에도 하던 방식을 계속 고수하는 경우를 말한다. 심리학자 애니 듀크는 이런 상황을 두고 "우리는 경로를 유지함으로써 상황이 나빠지는 것보다 경로를 변경함으로써 나빠지는 것에 더 민감하다"라고 말했다.

이런 현상은 나이 들수록 더욱 그렇다. 나이 들면 위험을 꺼리고 큰 도박은 피하게 된다. 크게 걸어서 크게 성공하는 것보다는 가지고 있는 것을 지키며 사는 것을 더욱 중요하게 여기게 된다. 인생에 큰 사건만이 아니라 일상생활에서도 그렇다. 돈이야 많을수록 당연히 좋겠지만, 나이를 먹으면 사람들은 돈을 더 버는 것도 중요하지만 현상유지도 버는 것만큼 중요하다고 생각한다.

전세 사기 문제가 요즘 하루가 멀다하고 뉴스에 나오고 있는

데 전세 사기를 당해 전 재산을 몽땅 날린 사람들이 TV에 나와서 인터뷰하는 걸 보면 정말 남의 일 같지가 않다. 아마도 나 같으면 앓아누워서 일어나지도 못하거나 자살했을지도 모른다. 전세 사기는 어제오늘 일이 아니지만 요즘처럼 전세 사기가 이슈화되고, 사회화된 적은 한 번도 없었다. 전세 사기는 거의 살인에 가깝다. 평생을 모아둔 돈을 송두리째 사기당한다면 나라면 어떨까라는 생각만으로도 오싹하다. 전세제도를 없애자는 일부 주장도 있지만 전세만큼 편하고 좋은 제도도 찾기 힘들다.

내 것을 지켜내는 일은 가만히 있는다고 해결되지 않는다. 끊임없이 벌어서 메워 넣지 않으면 돈은 어떻게든 계속 소진되기 때문이다. 취업하기도 힘든 세상, 내 것을 유지하고 관리해나가는 일은 쉽지 않다. 가만히 있는 것은 곧 잃는 것이다. 끊임없이 경제적 활동을 하지 않으면 유지, 관리는 힘들다. 자본주의의 특성이기도 하다. 자본주의에서 재정적 관리는 끊임없이 일하고 벌어들여도 정상적으로 관리, 유지가 힘들다. 특히 대출해 집을 사서 갚아나가는 한국인들에게는 정상적인 관리는커녕 밑 빠진 독에 물 붓기 수준이다. 이러니 사는 게 힘들지 않겠는가? 대출해 집을 사서 갚아나가는 일이 결국 나중에 이익이라고 판단해서 하는 일이겠지만, 젊은 날 생돈을 은행에 바쳐가며 살아가는 일이 이익인지 잘 모르겠고, 한국인들은 집을 팔아 차액이 생겨도 더 좋은 집으로 가려는 욕망이 강하다. 다시 대출해 더 큰 집으로 가서 다시 은행에 돈을 내어가며 살아가는 것, 그저 반복될 뿐이다. 결국 다람쥐 쳇바퀴 도는 인생이라면 너무 과한 표현일까?

　내 것을 지키겠다는 의지보다 내 것을 지켜내면서 더 큰 이익을 가져가겠다는 욕망뿐이다. 이것은 위험하다. 왜냐하면 욕망은 만족을 모르기 때문이다. 특히 돈은 더욱 그러하다. 아무리 많이 벌어도 돈은 벌면 벌수록 좋은 것이다. 하기는 누가 돈을 마다하겠는가.

　2018년작 리들리 스콧 감독의 영화 〈올 더 머니〉가 있다. 1973년 석유재벌 진 폴게티의 손자가 납치되어 몸값을 요구했던 실화를 영화화한 것이다. 역사상 가장 유명한 납치사건일 것이다. 그의 재산은 70년대 당시 60억 달러 정도였다고 한다. 돈한 푼도 쓰기 아까워한 그가 손주가 납치되어 몸값을 요구하자 그런 돈은 쓸 수 없다고 잘라 말한다. 역사에 남을 천박하고 악랄한 구두쇠였다. 그를 돕던 전직 CIA요원이자 브로커인 직원이 "얼마를 가져야 만족하겠냐"고 물으니 진 폴게티는 "많으면 많을수록 좋다"고 대답한다.

　자본주의에서 이윤 추구는 끝이 없다. 가정이건, 기업이건, 국가건 다 마찬가지다. 그것이 자본주의의 원동력이자 원리이기 때문이다. 그래서 우리는 돈과도 어느 정도 타협이 필요하다. 돈과 타협하기 위해선 우리의 욕망을 다스릴 줄 알아야 한다. 끝없이 좋은 집을 갈망하고 더 좋은 차를 타고 다녀야 하고, 더 좋은 곳으로 여행을 가야 하고, 더 맛있는 음식, 멋진 옷, 좋은 가

235

전 등 우리의 욕망을 자극하는 것은 끝도 없다. 재무 교육 전문가이자 국회의원을 지낸 제윤경 대표는 아래와 같이 말했다.

"사람들이 착각하고 있는 게 있는데요. 생각보다 우리나라 사람들이 돈을 많이 쓰고 있습니다. 그래서 돈이 없는 거예요."

정말 정곡을 찌르는 말이다. 우리나라 사람들이 돈을 많이 쓰는 건 사실 오래전부터 공공연한 이야기다. 의심의 여지가 없다. 흔히 뉴스에서도 등장하지만 명품 소비라든지 수입차 판매는 세계 1위다. 명품이든 수입차든 가지는 게 문제가 아니라 그런 소유가 한국인들에게는 소위 '허영'이기 때문이다.

욕망이라는 건 스스로 제어하지 않으면 끝없이 끌려다닐 수밖에 없다. 당연하다. 앞서 말했듯 그것이 자본주의의 시스템이기 때문이다. 힘든 일이지만 스스로 결단하고 행동하지 않으면 우리는 그저 욕망에 끌려다니다 삶이 끝날 것이다.

좋은 삶은 좋은 제도 속에 있다

* 자본주의, 이대로 좋은가?

대다수의 구성원이 빈곤하고 비참한 사회는 절대로
풍요롭고 행복해질 수 없다.

– 경제학의 아버지 애덤 스미스《국부론》

우리는 살아가면서 자본주의에 대해 단 한번도 의심을 해 본
적이 없다. 무언가 잘못되고 있고, 문제가 있으면 개선하든지,
바꾸든지 하는 게 당연한 것인데 왜 우리는 지금까지 자본주의
가 주는 폐해 속에서도 그것이 당연한 듯이 살아오고 있는가.
내가 보기엔 사람들이 문제가 있다고 느끼기보다 이 거대체제에
대해 무감각한 게 아닌가 하는 생각이 든다. 아마도 대부분의
사람들이 "자본주의가 뭐가 문제야, 다른 나라들은 안 그런가?"
라고 생각할 것이다. 당연하다. 보통의 삶을 살아가는 바쁜 현대
인들이 먹고 살기도 힘든데 자본주의 따위를 진지하게 생각할

리가 없다.

먼저 자본주의가 문제가 있다고 해서 체제 자체를 완전히 버리거나 바꿀 수 있는지부터 생각해 봐야 한다. 언뜻 생각해 봐도 불가능하지 않을까 라는 생각이 든다. 그렇다면 개선은 가능하지 않을까. 하지만 여기에 대해서도 회의적인 시각 역시 많다. 사실 자본주의 체제에 대한 학자들의 의견은 극명하게 갈리는데 자본주의가 좋은 점이 많으니 바꿔야 하는 것만 바꿔야 한다고 하는 쪽과 개선의 정도로는 자본주의가 가지고 있는 근본적인 해결을 할 수 없다고 하는 쪽이다.

《21세기를 살아가는 반자본주의를 위한 안내서》를 쓴 에릭 올린라이트는 아래와 같이 말했다.

"자본주의를 보통 사람들이 행복하고 의미 있는 삶을 살아갈 만한 따뜻한 사회질서로 바꿀 수 있다는 믿음은 환상이다. 자본주의는 근본적으로 개혁이 불가능하다. 유일한 희망은 자본주의를 파괴하고 그 잔해를 쓸어버린 뒤 대안을 건설하는 데 있다.… 자본주의는 그냥 내버려 두면 막대한 폐해를 낳는다. 자본주의는 사회의 응집력을 무너트리는 높은 수준의 불평등을 야기하고, 전통적인 일자리를 파괴하며 사람들이 각자도생하게 하고, 개인들과 공동체 전체의 삶에서 불확실성과 위험을 낳고, 환경을 해친다."

이는 에릭 올린라이트 뿐만 아니라 자본주의를 비판하는 여러 학자들이 공통적으로 하는 말인데 지금의 자본주의를 개선하는 방식으로는 답이 없다는 것이다. 한마디로 갈아엎고 새 판을 만들어야 하는데 현실적으로 그게 가능할까 하는 생각이 든다.

미국의 문학평론가이자 철학자 프레드릭 제임슨은 "자본주의의 종말을 상상하는 것보다 세계의 종말을 상상하는 것이 더 쉽다"라는 말을 했다. 그 말도 이해가 되긴 한다. 자본주의의 힘이 얼마나 강력한지 실감되는 글이다.

우리가 자본주의 하면 미국이라고 많이 생각하는데 사실 자본주의를 처음 발명한 건 영국이고 그 꽃을 피운 게 미국이다. 자본주의의 상징이자 끝판왕인 미국에서 자본주의를 버릴 수 있을까? 어림도 없는 소리처럼 들리기도 하지만 2016년 갤럽이 실시한 여론조사를 보면 30세 이하 미국인의 과반수가 '사회주의'에 우호적인 견해를 나타냈다. 이는 2008년 금융위기를 겪으면서 젊은이들 사이에서 자본주의 체제에 대한 거부감이 많이 생겼기 때문이다.

버니 샌더스 같은 민주적 사회주의를 지향하는 정치인들의 돌풍도 생각해 봐야 할 것이다. 민주당 경선과정에서 아쉽게 힐러리에게 지긴 했지만 샌더스의 돌풍은 시사하는 바가 크다. 샌더스는 미국 대선 민주당 경선 아이오와 연설에서 이렇게 말했다.

"여러분들은 미국의 최고 부유층만이 아닌, 미국의 모든 이

239

들을 위해 작동하는 경제를 위해 싸워야 합니다"라고 말했다. 그는 또 민주당 경선 TV토론에서 사회자가 "어떻게 사회주의자가 대선에서 이길 수 있다고 생각하느냐"는 질문에 그는 "민주적 사회주의라는 것은 우리 사회 상위 1%가 하위 90%가 소유한 것을 합친 만큼의 부를 독점하는 것이 비도덕적이며 잘못됐다고 말하는 것입니다. 현재의 뒤틀린 경제체제에서 새로 생기는 소득의 57%가 상위 1%에게 쏠릴 수밖에 없는 데 그건 잘못된 것입니다"라고 했다.

우리는 자본주의는 당연한 체제이고, 최선의 체제인 것처럼 생각한다. 하지만 자본주의 체제가 문제인 것을 넘어 시효가 다 되었다는 사실은 서구의 많은 경제학자, 사회학자들도 인정한 사실이다. 중요한 것은 자본주의를 어떤 식으로 바꿀 것인가에 대한 방식은 다를지 모르지만 자본주의가 문제가 있다는 인식은 누구라도 하고 있다는 것이다.

이는 진보는 말할 것도 없고 보수도 마찬가지이다. 물론 보수 쪽에서는 아직도 "자본주의가 뭐가 문제냐"는 쪽이 대세이긴 하다. 우리는 자본주의에서 오는 폐해가 살면서 자연적으로 따라오는 어쩔 수 없는 불편함 정도로 생각하는 경우가 많다. 예를 들면 자본주의가 심각한 불평등이나 빈곤을 낳지만 이런 것들이 자본주의가 낳은 결과물이 아니라 살면서 부수적으로 따라붙는, 어쩔 수 없는 당연한 것으로 생각하는 것이다.

앞서 말했시만 자본수의의 성지라고 하는 미국에서조차 2008년 금융위기 이후 자본주의에 대한 의구심과 회의감이 들불처럼 번졌다. 이러한 경각심은 학자들의 소신 발언과 함께 시민들을 중심으로 번져나갔다. 사실 자본주의에 대한 의구심은 그 전부터 있었다. 인류가 발전하고 진보하게 된 원인은 자본주의의 도입만은 분명하다. 자본주의는 사람들을 더욱 잘 살게 했고, 기술의 진보는 상상을 뛰어 넘었다. 쉽게 말해 잘 먹고 잘사는 시대가 된 것이다. 자본주의는 인류에 큰 공헌을 했다.

자본주의의 역사는 매우 짧다. 인류 역사를 24시간으로 볼 때 자본주의가 등장한 시기는 23시 59분 56초이다. 인류 역사 500만 년 중 약 250년 정도밖에 되지 않는 것이다. 그리고 자본주의가 가장 빛나던 때는 제2차 세계대전이 끝난 1945년부터 1973년까지 30년밖에 되지 않는다. 하지만 오늘날 자본주의는 득보다 실이 더 많고, 그 실이 인류에 너무 가혹한 결과를 가져다준다는 의견이 많다. 자본주의에 대해 진지하게 다시 생각해 봐야 한다. 한때는 영광을 가져다주는 제도가 문제가 많다는 것을 알았을 때 우리는 과거의 영광에 사로잡혀 그 제도를 그대로 유지해야 하는가? 자본주의가 주는 재앙에 가까운 사실들이 엄연히 존재함에도 우리는 믿으려 하지 않거나, 혹은 그저 현실로 받아들이며 살아야 한다는 인식이 강하다.

그렇다면 자본주의의 가장 큰 문제점은 무엇인가?
첫 번째로 소득과 부의 불평등을 해결하지 못한다. 특히 미

241

국식 시스템을 가져다 온 나라들은 심각한 불평등을 겪고 있다. 그리고 국민들의 삶의 질과 행복도도 매우 낮다. 지난 수십 년 동안 부자들은 훨씬 부유해졌지만 일반 국민은 그 혜택을 전혀 받지 못했고 실제로 평균소득은 계속 줄어들었다. 가진 자들의 탐욕은 끝이 없다. 문제는 이러한 사실을 평범한 삶을 사는 사람들이 인식을 해야 하는데 그렇지 못하다.

김광기 경북대 교수는 《부자는 어떻게 가난을 만드는가》라는 책에 이렇게 썼다.

"미국인들은 자신들의 국가가 소득과 부에 있어서 얼마나 불평등한지를 인지조차 못하고 있다는 데서 찾아야 한다. 대부분의 미국인들, 특히 불평등의 최대 피해자인 중산층 이하 서민들이 이런 불행한 사실에 무지하다. 사태의 심각성을 전혀 인식하지 못하고 있는 것이다… 높은 수준의 경제적 불평등은 자본주의에서 우연한 현상이 아니라 자본주의의 기본적인 작동 메커니즘에 고유한 현상이다."

이렇듯 자신이 살고 있는 사회가 어떤 사회인지 인식하지 못하면 가난의 원인도, 불행의 원인도, 심지어 불운조차도 그 모든 것을 자신에게 돌리게 된다.

두 번째로 빈곤에 대해 해결하지 못한다. 빈곤은 단순히 먹을 게 없어 굶주리는 삶이 아니라 한 인간이 살아가면서 사회의

좋은 삶은 좋은 제도 속에 있다

구성원으로서 정상적인 활동과 정상적인 생활이 가능하지 못할 때를 말한다. 그러니까 일반적으로 생각하는 표준적인 생활을 하지 못할 때를 말하는 것이다. 아직도 빈곤이라고 하면 제대로 먹지 못하고 사는 사람들 위주로 생각하는, 20~30년 전의 빈곤을 생각하는 사람이 많다.

세 번째로 환경과 자원이 남용되고 파괴된다. 현재 기후문제는 인류가 직면한 최대의 해결과제가 되어 버렸다. 특히 기업정책을 펼칠 때 '자유시장경제'라는 명목하에 기업들을 자유롭게 두는 것이 경제에 중요하다고 생각하는 정치인들이 많은데 어느 나라건 자본주의에서 기업들이 이익을 얻고자 하는 마음은 똑같다. 천문학적인 이익을 올리고도 환경은 나몰라라 하는 이유도 그것을 제어하는 장치가 없기 때문이다.

기업규제를 경제의 독으로 생각하는 사람들이 많은데, 이런 프레임을 만든 건 기업들과 그들을 옹호하는 정치인들이 아닐까. 수익을 올리고 이익을 보려는 집단에게 양심적인 기대를 할 수는 없다. 환경을 파괴하고 자원을 남용하는 것을 막는 것은 양심이 아니라 법과 제도이다. 그래서 나라의 제도가 중요한 것이다. 사람들의 양심에 기대를 건다면 법과 제도가 왜 필요한가?

네 번째로 인간의 삶에서 물질적인 것들, 돈만이 인간을 행복하게 해 주고 돈이 최고이며, 오직 돈을 좇으며 살아가는 인간군

243

상들, 그리고 권력에 대한 집착들, 이미 오래전부터 전 세계 1%가 99%의 부를 차지하고 있다지만 실상은 0.01 대 99.99라는 사실이다. 99%의 삶은 전혀, 조금도 좋아지지 않았다. 자본주의는 돈, 물질 같은 것들이 가장 중요하다는 인식을 아무렇지도 않게 일반화시켰다. 그리고 사람들은 그 자본주의의 시스템에 충실히, 성실히, 열심히 따랐다. 사람들은 이렇게 자본주의의 시스템을 스스로 내면화했다.

다섯 번째로 개인들에게 과도한 부채를 떠안기고, 생산중심의 경제가 아닌 금융 중심의 경제구조를 만든다. 경제적으로 불안정한 삶을 살 수밖에 없는 시스템이다.

여섯 번째로 삶의 질의 악화다. 자본주의가 인류의 삶의 질을 구했지만 아이러니하게도 오늘날 자본주의는 인류의 삶을 해치고 있다.

짧게 여섯 가지를 말했지만 이 밖에도 자본주의의 폐해는 굉장히 많을 것이다. 이렇듯 자본주의가 더 이상 우리 삶에 적합한 시스템이 아니란 것은 분명한 사실이다. 자본주의의 문제점을 일부에서 주장하는 소수의견으로 생각하면 오산이다. 앞서 말했듯 2008년 금융위기를 겪으면서 시민들은 "우리가 99%다"라는 아큐파이 스트리트 운동을 하며 거리를 점령했다. 하지만 불행하게도 자본은 아랑곳하지 않는다. 월스트리트에서 근무하는 자본가들 또한 눈도 꿈쩍하시 않았을 것이다. 실제로도 그랬다. 국민의 세금으로 은행을 구제하고, 자신들을 살게 했지만 그어떤 죄책감도 미안함도 없다. CEO들은 수천만 달러를 받으며 퇴직을 했다. 기가 막힌 일이다.

올리버 스톤 감독의 1987년 영화 〈월스트리트〉에서 주인공 고든 게코는 "탐욕은 좋은 것이다(Greed is good)"라는 유명한 대사를 남겼다. 탐욕은 인류를 진보시키고, 스스로를 발전시킨다.

2010년 속편이 나왔는데 부제가 〈돈은 잠들지 않는다〉이다. 8년 복역 생활을 끝내고 강단에 선 게코는 젊은 청중들을 향해 이렇게 말한다.

"여러분 세대는 수입, 직장, 자산이 없는 최악의 세대입니다. 내가 예전에 이런 말을 했죠. 탐욕은 좋은 것이다. 이제는 탐욕이 합법인 시대가 됐죠.… 헤지펀드 매니저들은 한해 1억 달러를 벌고 있습니다.… 작년 한 해 미국기업수익의 40%가 금융수입이었어요. 제조업이나 국민들의 삶과는 관계없는 분야죠.… 금융시스템 붕괴의 주원인은 투기입니다."

2013년작 마틴 스콜세지 감독의 〈더 울프 오브 월스트리트〉는 내가 지난 10년간 본 영화 중 가장 재밌게 본 영화 중 하나다. 이런 영화를 보고 '탐욕이 탐욕을 낳는다'는 말은 식상한 말일까. 영화 속 주인공 조던 벨포트는 이렇게 말한다. "이 세상은 돈이 전부야. 맛있는 음식, 예쁜 여자, 비싼 차, 넓은 집, 뭐든 가질 수 있게 해 주거든. 내가 속물 같다고? 그렇게 생각한다면 맥도날드에서 평생 알바나 해."

이 영화를 보면 돈이 뭔지, 욕망이 뭔지 절절히 와 닿게 된다. 게다가 이 영화는 실화이다. 난 이 영화가 너무 재미있어 두 번이나 보았고, 주인공이 직접 쓴 원작소설도 읽었다. 주인공 조던 벨포트는 "가난은 결코 고결하지 않다. 나는 부자, 가난뱅이로 다 살아봤지만 언제나 부자를 택할 것이다"라는 말도 한다. 맞는 말이다. 누가 가난뱅이로 살고 싶겠는가. 이 영화는 탐욕이 뭔지, 탐욕을 추구하는 삶은 결국 어떻게 되는지 절묘하게 보여준다. 아무리 돈에 미쳤다고 해도 꼭 저렇게까지 해야 하는가 하는 생각도 들고, '적당히 좀 하지'라는 생각이 들었다.

앞서 자본주의는 "개선 가능하다"와 "불가능하다"라는 의견을 말했는데 나는 개인적으로 개선이 불가능하지 않을까 생각한다. 자본주의는 사회제도로서 너무 잔혹한 시스템이며, 이 체제는 더 이상 희망이 없다고 생각한다.

자본주의를 비판하고, 돈과 물질을 숭배하게 하는 구조에 구역질이 나지만 어쨌든 이 땅에 살고있는 이상 진정한 자유는 경제적 자유라는 사실은 변함이 없다. 이 경제적 자유는 이 자본주의 사회에서 가장 꼭대기에 서는 것이다. 그 사실이 매우 불편하지만 자본주의가 싫다고 산속에 들어가서 살 수는 없다. 노동윤리에 대해 비판하고, 노농 없는 미래가 다가온다고 하지만 일없이는 살 수 없고, 일 없이는 공허하다는 것 역시 잘 알고 있다. 하지만 우리는 이런 구조 속에서도 최소한의 것들에 비판해야 한다.

생각해 봐야 할 것이 있다. 전 세계에서 가장 행복한 나라들의 상위권의 나라 중 자본주의를 택한 국가는 없는 듯하다. 일단 우리가 그토록 부러워하는 북유럽의 경우는 사회민주주의 시스템이다. 국가가 강하게 통제하는 시스템이다. 국가가 강하게 통제한다고 억압이나 독재 같은 통치를 생각하면 안된다. 사회주의라고 하면 알레르기 반응을 일으키는 사람들이 많은데 아무래도 우리나라는 분단국가이기 때문에 사회주의에 대해 더욱 민감한지도 모르겠다. 우리는 북유럽을 부러워하면서도, 북유럽의 삶을 동경하면서도 정작 그들의 시스템을 배울 생각은 왜 하지 않는 걸까? 꼭 북유럽이 아니더라도 모범이 될 만한 국가를 찾을 수 있을 것이다.

2022년 세계행복지수 순위를 보면 같은 아시아권인 호주가 12위에 들어가 있다. 그리고 대만이 26위이고 싱가포르가 그다음이다. 이상하게 우리나라는 순위에 없었다. 순위가 50위까지밖에 없었던 것이다. 그래서 더 찾아보니 59위에 있었다. 말문이 막혔다. 50위에 있는 쿠웨이트나 49위의 엘살바도르 같은 나라보다 한참 뒤에 있었던 것이다. 이건 뭐 꼴찌나 마찬가지지 않을

247

까. 우리가 북유럽 같은 나라를 동경하기보다는 대만이나 싱가포르 같은 나라를 목표로 하는 게 더 현실적이지 않을까 생각한다.

한때 만병통치약 같은 효능을 발휘했던 자본주의는 이제 그 수명을 다했다. 앞으로의 세대는 자본주의와 조금씩 멀어져야 한다. 《열정은 어떻게 노동이 되는가》에서는 이런 말이 나온다.

"오늘날 꿈은 자본주의가 청춘에 깔아놓은 가장 잔인한 덫이다. 적어도 먹고사는 문제는 전후 대량생산, 대량소비체제를 통하여 해결하였던 자본주의는, 국민 모두를 배부른 돼지로 만들었다."

니콜 애쇼프는 《자본의 새로운 선지자들》에서 "지난 30년간 신자유주의와 세계화, 금융화를 거치면서 자본주의 내에서는 통합이 아닌 양극화, 평등이 아닌 차이를 만들어내는 경향이 굳건해졌다"고 했다.

무엇을 해도 안 되는 세상, 기본을 유지하며 살기도 힘든 세상, 남들만큼 살려면 전속력을 향해 달려야 겨우 가능한 세상. 루이스 캐럴의 명작이자 고전소설 《이상한 나라의 앨리스》의 속편인 《거울 나라의 앨리스》에서 붉은 여왕은 앨리스에게 이렇게 가르친다. "잘 들어, 제자리에 머무르고 싶다면 죽어라 뛰어야 해."

이 말을 듣고 앨리스는 붉은 여왕과 함께 달리기 시작한다.

좋은 삶은 좋은 제도 속에 있다

그러나 아무리 떠어도 주위 풍경은 전혀 바뀌지 않는다. 주위의 물건들도 앨리스와 똑같은 속도로 움직이고 있었기 때문이다. 제자리에 머물기 위해 전력 질주를 해야 하는 것이다. 이 말은 경쟁을 이야기할 때 흔히 나오는 말이긴 한데 꼭 경쟁이 아니더라도 사회현상을 이야기할 때 적용되어도 문제없어 보인다.

자본주의는 우리 일상에 아무렇지도 않게 존재하면서도 가장 악랄하게 가장 큰 영향력을 끼치고 있다. 이런 삶은 당연하지 않다. 누군가 우리를 괴롭고 힘들게 한다면 우리는 어떤 행동을 하는가? 인연을 끊든지 아니면 상대방에게 그 행동을 멈춰라고 할 것이다. 하지만 왜 자본주의에 대해선 그렇게 관대한가? 대부분의 사람들을 괴롭고 힘들게 하는데 왜 우리는 이 체제를 어쩔 수 없이 받아들여야 하는 체제로 생각하는가.

먹고 살기 바쁜데 무슨 그따위 소리냐고 할지도 모른다. 하지만 자본주의 체제에서 벗어나면 먹고 살기 바쁘다는 생각이 들지 않을 것이다. 사회주의로 가자는 말이 아니다. 갈아엎지는 못하더라도 대안은 찾아야 한다. 그래야 후손들이 편하게 살아갈 수 있다.

가진 게 많은 사람이 부자가 아니라, 원하는 게
적은 사람이 부자다.

- 고대 그리스 스토아 철학자 에픽테토스

큰 누나가 벤츠를 샀다는 말을 엄마에게 들었다. 깜짝 놀랐
다. '도대체 무슨 돈이 있어서, 무슨 생각에 벤츠를 샀을까'하는
궁금증과 할부로 나갈 돈을 생각하니 내 돈은 아니지만 한숨부
터 나왔다. '정말, 꼭 그렇게 그 차를 샀어야 했나'라는 생각을
하다 엄마에게 결정적인 한방을 듣게 됐다. 엄마도 누나에게 비
슷한 질문을 했는데 누나는 "나이 많이 들고나서 벤츠 타고 싶
지 않다"라고 했다는 것이다. 그 말을 듣고 나서 정말 여러 가지
생각이 많이 들었는데 먼저 든 생각은 '그 말이 맞네'라는 생각

과 함께 나도 나이 들어 벤츠 타는 건 그리 의미 없다는 생각이기 때문이었다.

여기에는 여러 사회적 의미가 많이 들어가 있는데 지금은 과거의 부모세대와는 달리 부의 개념이 바뀌었기 때문이다. 소위 젊었을 적 열심히 일하고 돈을 모아 노년에 편하게 산다는 공식은 이미 오래전에 깨졌다. 2013년에 나온 돌풍의 책《부의 추월차선》에서도 나오지만 "휠체어 탄 백만장자는 부럽지 않다"라든가 "천천히 부자 되기로는 가망이 없다" 등 저자는 중산층 옆집에서 검소하게 살아가는 백만장자 이야기에는 관심이 없다면서 일생의 40년 정도를 일하고 아껴 쓰는 데 바쳐 백만장자가 된 사람들에게 또한 관심이 없다고도 했다.

이렇듯 과거의 부의 개념을 깨뜨리는 발언은 이제 특정 책에서만 볼 수 있는 것이 아니다. 자기계발을 포함 인문, 사회, 경제경영, 에세이 등을 총망라한다. 사실 그렇다. 우리가 악착같이 돈을 벌고 모으는 이유를 생각해 봐야 한다. 부라는 것은 에너지가 충만할 때 사용하는 것이 더욱 효과적이고 의미 있을 것이다. 물론 효과적이고 의미 있다는 것은 사람의 가치관과 기준에 따라 다를 것이다. 하지만 나이 70, 80이 되어서 부자가 된들 도대체 무엇을 한단 말인가? 그게 무슨 의미인가? 자식에게 물려주려고? 아니면 기부하려고? 그것도 중요한 의미일 수도 있을 것이다.

부를 젊었을 적에 이루려는 이유는 부의 힘으로 인생이 가장 즐겁고 재미있어지기 때문이다. 당연한 이야기지만 돈은 나이 대마다 의미나 사용처가 다르다. 지금의 내가 50억이 있으면 할 것이 너무 많지만, 나이 70이 되어서 50억이 있어 봐야 할 것이 별로 없을 것 같다. 누구나 그렇지 않겠는가?

젊었을 적 열심히 노력해 악착같이 돈을 모아 70, 80세가 되어 부자가 되어도 그리 기쁠 것 같지도 않다. 우리나라 노인빈곤율이 OECD 국가 중 1위라지만 그렇다고 젊은 시절 막대한 희생을 해가며 노인이 되어 편하게 살고 싶은 사람들은 이제 거의 없다. 이런 가치관이 젊은 사람들에게 DNA처럼 박혀 있는 이유는 어차피 젊은 날 죽도록 일해 돈을 모아 봐야 집 한 채 살 수 없는 시대가 되었기 때문이다. 집은 고사하고 취업 자체가 힘든 세상이고 평범하게 사는 것조차 힘든 세상이 된 마당에 노년을 위해 돈을 모은다는 게 가당키나 한 말이겠는가. 오죽하면 지금의 세대가 단군 이래 부모세대보다 더 가난한 첫 세대라 하겠는가. 그리고 젊을 적 고생은 사서 한다는 말은 왜 고생을 사서 하냐는 비아냥으로 바뀌었다. 김영준의 《멀티팩터, 노력으로 성공했다는 거짓말》에서는 이런 좋은 표현이 나온다.

"고난과 고생은 그저 성공으로 가는 길목에 있는 과정 중 일부일 뿐이다. 그것이 성공을 정당화하지도 않으며, 성공의 요인은 더더욱 아니다."

과거 어른들이 써먹던 이런 말들의 비아냥은 끝도 없다. 그리고 고생은 될 수 있으면 안 하는 것이 닛고 고생이 끝난다 하더라도 그것이 끝이 아니라는 건 누구나 다 알고 있다. "고생 끝에 또 다른 고생이 온다"라고 하지 않던가. 더욱 중요한 건 고생을 한다고 과실이 돌아오던 시대도 아니다. 우리 아버지, 이모, 삼촌 세대와는 판 자체가 다른 것이다.

누나가 어떤 의미로 그런 말을 했는지는 잘 모르겠지만 그 말은 부를 대하는, 또는 돈을 대하는 지금의 시대 상황을 절묘하게 잘 나타낸다고 본다. 나 역시 마찬가지다. 개인적인 환경과 상황 때문에 그랬지만 절약 정신이 몸에 배여 살아왔다. 더 이상 그렇게 살지 말자고 다짐한 건 마흔이 훨씬 넘어가면서부터다. 한푼 두푼 모아 목돈이 모이면 전세금을 보태 더 좋은 집으로 이사가는 건 인생에 있어 큰 기쁨이다. 하지만 그런 식으로 살아가다 보면 금방 50이 되고 60이 되는 건 순식간이다. 그렇다면 그런 삶이 과연 앞으로 얼마나 큰 의미가 있는지 잘 생각해 봐야 한다. 좋은 집으로 옮기는 기쁨과 현재 누릴 수 있는 기쁨을 저울질하여 나에게 더 유리한 쪽, 나에게 더욱 큰 즐거움과 기쁨을 주는 쪽으로 방향을 틀어야 한다.

난 나이가 들면서 오랜 고심 끝에 전세금을 좀 덜 모으더라도 현재 쓸 일이 있으면 좀 쓰면서 살자고 다짐했다. 마치 큰 누나가 나이 들어 벤츠 타고 싶지 않다고 한 것과 비슷한 걸까? 분명한 것은 좋은 차를 몰고 다닌다거나 아니면 쇼핑, 그러니까 물욕에 집착하는 삶은 원치 않았다.

253

그리고 물욕은 내 개인 성향과도 거리가 너무 멀다. 그렇다고 여행을 좋아하는 것도 아니고, 맛집을 찾아다니면서 맛있는 거를 먹는 것도 좋아하지 않는다. 막상 그렇게 되니 딱히 소비할만한 것이 없었다. 결국 그런 다짐이 무색하게 비슷한 일상을 유지하며 살게 되는데 그 또한 마음이 편치 않았다.

하지만 똑같더라도 그렇게 마음 고쳐먹고 살아가는 것과 이전 상태로 살아가는 것과는 다르다. 그리고 아무리 현재가 중요하다 해도 저축 또한 무시할 수 없는 게 살아가면서 무슨 일이 있을지 모르기 때문이다. 나이 들어 질병에 걸리면 돈이 어떻게 나갈지 알 수가 없다. 부자들이야 걱정 없겠지만 평범한 삶을 사는 사람들은 큰 병이 나면 가정경제가 치명적인 상태가 된다.

얼마 전 저소득층이 만성질환을 앓는 경우가 다른 사람들에 비해 두 배가량 많지만, 민간 보험 가입률은 절반 수준에 그치는 것으로 나타났고, 외래진료를 받거나 입원횟수, 우울감도 다른 계층보다 두 배 이상 높다는 한국보건사회연구원의 조사를 인용해 언론에서 일제히 보도되었다. 사실 이 뉴스는 새로울 것이 없다. 어디 만성질환이나 우울증만 그러겠는가. 비만도 저소득층이 훨씬 많다. 이렇게 없는 사람들이 질병에 취약한 건 어제오늘 일이 아니며 이런 사람들이 큰 병에 걸리면 가정경제가 파탄이 나는 경우도 즐비하다.

얼마 전 삼촌으로부터 "자본주의 시대에 저축은 하수들이 하는 것"이라는 말을 들었다. 다들 주식이나 코인, 부동산 등 재

좋은 삶은 좋은 제도 속에 있다

테크를 하지만 그만큼 위험도 크다. 그 위험을 피하려면 그냥 저축만 해야 하는데 당연하지만 그런 식으로는 절대 부자가 될 수 없다. 삼촌의 말도 그런 의미다. 모으기도, 쓰기도 애매한 이런 상황은 요즘 2030 세대들에게도 그렇지 않을까 생각이 든다.

그냥 쓰고 싶은 대로 쓰고 살기엔 좋긴 좋은데 그래도 뭔가 불안하고, 그렇다고 절약하며 모으면서 살아가기엔 젊은 날이 너무 허망하고 아깝다는 생각이 들지 않을까. 이 둘 중 절충점을 찾아야 한다. 쓰는 것도 좋지만 모으는 것 또한 소홀히 해서는 안된다. 왜냐하면 살아가면서 느낄 수 있는 여유와 심적 부담, 인생을 대하는 태도, 가치관 등 그 모든 것이 돈에 달렸기 때문이다.

미국에 유명한 경제잡지 《포브스》의 발행인 말콤 포브스는 아들에게, "인생의 100가지 문제 중 99가지 문제의 해답은 돈에 있다"고 말했다. 당연한 말임에도, 나는 이 글을 볼 때마다 새삼 돈의 위력을 실감한다. 그런 걸 생각하면 앞으로 살아가면서 무슨 일이 있을지 모르니 이른바 '예비비'는 항상 준비해 두어야 한다. 이 예비비는 개인한테도 중요하지만 회사나 국가에게도 매우 중요하다. 하기는 어떻게 보면 이 예비비를 말하는 자체가 젊은 사람들에게는 불가능할지 모른다. 예비비를 넣어둘 수 있는 환경과 상황이 안되는 게 태반 아닐까. 돈이 들어오면 나가기 바쁠 텐데 무슨 놈의 얼어 죽을 예비비냐고 할 게 뻔하다.

우리는 어떤 환경에서든 최적점을 찾아야 한다. 자신의 환경

255

이 아무리 불리한 쪽에 있더라도 결국 자신의 입장에서 가장 유리한 쪽으로 만들어 나가야 한다. 그것이 악착같이 돈을 모으는 일이건, 흥청망청 돈을 쓰는 일이건 상관없다. 어차피 개인의 환경과 상황은 다 다르기 때문이다.

그래서 누나의 그 말에 격하게 동의하면서도 마음 한편으로는 불편했던 것이 그런 것이다. 누나의 사정은 잘 모르겠지만 벤츠 타고 다닐 정도의 경제 상황은 아닌 것 같아서이다. 하지만 어쩌랴. 수입차 판매량이나 수도권 아파트의 구매자들 중 30대가 가장 많다는 사실을 보면 50대 큰 누나의 벤츠 정도는 어쩌면 아무것도 아닐 수 있지 않을까.

밀레니얼 세대들의 양극화는 심각하다. 세대 간의 격차가 아니라 같은 세대 안에서의 격차가 사회문제이다. 한쪽에선 빈곤에 허덕이고 한쪽에서는 수입차를 타고 수도권 아파트를 구입하는 것. 어차피 다 빚이겠지만 부모의 재산을 증여받거나 부모의 도움으로 살아가는 이들 또한 만만치 않다. 그런 같은 세대 간의 격차가 또 다른 불평등을 낳고 또 다른 사회적 이슈를 만든다. 그런 것들이 사회현상이 되면 '남들도 다 한다'는 명목하에 자신의 행동을 합리화해 버린다. '나만은 안 한다'라는 생각보다 '나도 한다'라는 생각이 지배를 이룬다.

다들 그렇게 빚을 내 집을 사고 집값이 오르기를 바란다. 누나의 벤츠도 그렇다. 친구들이 다 외제차를 모니 '나도 탄다'라는 누나의 말을 엄마를 통해 들었다. 나는 그 얘기를 듣고 탄식을 내뱉었다. 남들도 하니 나도 한다는 식의 삶의 방식은 필패다. 우리는 살아가면서 늘 나보다 잘난 사람들을 보고 비교하기 때문이다. 나이가 들면 자신만의 확고한 주관이 없으면 우리는 남들이 살아가는 방식에 휘둘리게 된다. 그렇게 되면 결국 남들이 살아가는 방식에 의해 내 인생의 주관과 태도가 결정된다. 무엇이 자기에게 좋은 삶인지는 저절로 주어지지 않는다.

* 뜨거운 그 이름, 서울

서울은 한국 자본주의의 성취와 모순이 집약되어
나타나는 곳이다. '압축성장' 혹은 '후후발 산업화'라
불리는 한 세대 남짓 짧은 기간에 벌어진 극적인 변화,
그 상징적 장소인 서울은 어떻게 변화해왔는가.
긍정적이건 부정적이건, 지켜야 할 것이건 버려야 할 것이
건, 그 모든 것들은 '지금 여기'를 총체적으로 구성하는
요소들이며 우리의 욕망과 의도, 행동과 투쟁이
맞부딪히며 이루어낸 결과물이다…
서울의 하루는 다른 곳의 하루보다 훨씬 더 많은 일을
해야 살아낼 수 있는 시간이다. 서울의 일 제곱킬로미터는
다른 곳의 일 제곱킬로미터보다 훨씬 더 많은 것을 담고

있어 그만큼 더 빠른 속도로 옮겨 다녀야 겨우 버텨낼 수 있는 공간이다.

– 류동민《서울은 어떻게 작동하는가, 그리고 삶은 어떻게 소진되는가》

KBS〈다큐 인사이트, 하드코어 서울〉를 보았다. Part2에서는 강남을 다루었는데 강남이 서울에서 특별한 곳이기는 하지만, 거기 나오는 청년들의 이야기를 들어보니 강남에 살아야만 모든 것이 해결되는 듯한 말을 해 조금은 씁쓸했다. 분명 강남은 다른 곳에 없는 것들이 있긴 하다. 서울 일자리의 30%가 몰려있는 강남, 테헤란로 양쪽으로 쭉 뻗어 나가 있는 즐비한 빌딩들, 지방에 살던 사람들이 보면 확실히 압도당할 만큼 어마어마한 크기의 빌딩들이 늘어서 있다. 마침 며칠 전 회사 소송 건으로 변호사 사무실 방문을 위해 정말 오랜만에 업무차 역삼역에 갔는데 테헤란로 쪽을 걷다 보니 확실히 '강남은 강남이구나'라는 생각이 들었다.

지금 내가 일하고 있는 강동구나 살고 있는 광진구에서는 확실히 보기 힘든 광경이다. 같은 서울에 사는 사람들도 그런데 지방 사람들이 이런 강남의 모습을 보면 확실히 압도당하지 않을까 라는 생각을 느닷없이 한다. 특히 난 매일 지방으로 영업을 나가다 보니 더욱 절실히 느낀다. 오늘은 여주에 다녀왔는데 회사의 지방 사무실과 창고가 여주에 있어 가끔씩 내려간다. 그러다 보니 없던 정도 생겨버렸는데 객관적으로 보면 이곳 여주의 좋은 점은 찾아보기 힘든 것이 솔직한 심정이다.

여주는 경기도 도시 31곳 중 7번째로 크다. 하지만 인구수는 27번째이고 꼴찌와 크게 차이가 없다. 여주시의 인구는 11만 3천 명이 조금 넘는다. 꼴찌인 연천군이 4만 명 정도이다. 여주를 다 돌아보지 않아서 함부로 말하긴 그렇지만 여주는 건물보다는 논이 많이 보일 정도이다. 그런 것들이 오히려 운전하기에는 보기 좋고 뭔가 도시를 벗어나 다른 기분을 느끼게 해 주지만, 다른 한편으로는 '이곳에 살게 되면 정말 허무하지 않을까'라는 생각이 강하게 든다.

이곳도 사람 사는 곳이고, 대학이 존재한다. 강남에 사는 청년들만 청년이 아니다. 그리고 서울만 사람 사는 곳이 아니다. 서울은 우리나라의 20%가 밀집해 있는 거대도시이지만 반대로 말하면 나머지 80%는 지방에 있다. 인터뷰하는 청년의 말이 "여긴 다 있다"라고 말하지만 사실 맞는 말일 수도 틀린 말일 수도 있다. 어디 가도 먹을거리는 존재하고, 유흥도 있다. 강남처럼 화려하고 과격하진 않지만 말이다. 하긴 경기도에 사는 사람들, 특히 강남, 홍대로 직행 버스가 있는 지역들의 청년들은 "주말이면 클럽에 원정간다"는 말은 어제오늘 일이 아니다. 같은 경기도라도 어디에 사느냐에 따라 서울에서의 재미를 누릴 수도 못 누릴 수도 있다. 그런 걸 생각하면 여주는 정말 심심하고 무료한 도시다. 이러저리 둘러봐도 여주는 확실히 공허하다는 생각이

좋은 삶은 좋은 제도 속에 있다

든다. 도시라기보다는 농촌이라는 생각이 더 깅하게 든나.

한때 서울을 절대 벗어나지 않을 거라던 시절이 있던 것을 생각하면 정말 놀랍다. 나도 나이를 먹어서인가. 뭐 여기 와도 상관없다는 식이다. 이러니 나이 들면 농촌으로 가겠다는 사람들 이해는 간다. 하지만 실제로 오게 되진 않을 것 같다. 그리고 서울에 살아보니 별거 없다. 청년들이 말하는 것처럼 "뭐든 다 있다"라는 말은 과장된 말이고, 강남에 대한 환상이다. 또 명문대를 나와도 좋은 곳에 취업이 되던 시절은 이미 끝났다. 대학이 가지던 사회적인 프리미엄이 사실상 점차 사라지고 있다. 좋은 학교를 나온 사람들에겐 억울한 일일지 모르겠지만 사회 전체적으로 봐선 잘된 일이다. 하지만 여전히 청년들은 소위 '인서울'에 대한 강박이 심하다. 한국일보 김혜미 기자는 자신의 책 《착취도시, 서울》에서 "사람은 서울로 가야 한다는 경구는 지역에 있는 대학을 '지잡대'로 통칭하고, 지방을 모두 식민지로 만들어버린 서울공화국은 서울만 마치 '정식 무대'인 것처럼 만들어 버렸다"고 말했다.

아직까지 강남에 사는 걸 꿈으로 여기는 사람이 있을 것이다. 그리고 강남을 노골적으로 부러워하는 사람, 노골적으로 비난하는 사람. 어떤 사람들은 강남을 부러워하면서도, 매년 수해 때 강남이 뉴스의 중심이 되고, 말 그대로 거대한 물바다가 되면 쌤통이라며 놀려대는 사람이 있다. 나는 강남을 부러워한 적이 없다. 살고 싶은 마음은 더욱 없다. 강남이 필요한 적도 거의 없다. 교보타워에 있는 교보문고를 가끔 가긴 했지만 요 몇 년

사이 잘 안가게 된다. 그리고 내가 사는 곳 근처에도 교보문고가 생기긴 했다. 물론 강남이나 종로만큼 어마어마하게 크지는 않지만 말이다.

대한민국이 서울공화국이라는 말은 누구나 다 아는 사실이다. 그 말이 언제부터 생겨났는지는 잘 모르지만 서울공화국은 갈수록 강력해진다. 나라에서는 분산을 시켜보려고 그동안 부단히 애썼지만 별 효과가 없다. 서울 인구는 줄어 들었지만 경기도에서 서울로 출퇴근하거나 앞서 말한 대로 홍대나 강남에 놀러 오는 외부인구는 더욱 늘었다. 경기도 사는 사람의 3분의 1이 서울로 출퇴근한다는 연합뉴스의 보도를 보고 진짜인지 의심이 들 정도였다.

세종이나 전라도에서 일하는 공무원들은 서울에 집을 두고 매일 대절버스로 출퇴근한다. 정부에서 기관을 지방으로 옮겨도 이런 식이면 별 소용없다. 세종 같은 도시는 시스템이 잘 갖추어져 그나마 많이 정착해 있지만 다른 도시는 별 효과가 없다. 직장이 지방으로 옮겨지면 당연히 그 지역에 정착을 해야 하는데 인프라가 없는 도시는 정착하고 싶어도 할 수 없어 어쩔 수 없이 서울로 출퇴근을 하는 것이다. 이런 상황에 시에서도 골머리를 앓고 있다. 이는 2023년 9월 5일 KBS 〈시사기획 창, 공기업 또 이전해야 하나요?〉에서도 잘 보도되었다.

서울에 살아보니 별것 없다고는 하지만 막상 서울을 떠나게 되면 정말 서운할 것 같다. 별 것 없어도, 할 것 없어도 서울에 있는 게 나은 것일까? 젊은 사람들에겐 확실히 놀 거리가 많은

좋은 삶은 좋은 제도 속에 있다

건 사실이다. 또 그것이 젊은 사람들에게 중요한 선 사실이다. 그렇다면 노인들은 서울이 중요하지 않을까? 앞서 소개한 KBS 〈다큐 인사이트, 하드코어 서울〉 part1에서는 서울에 있는 대형 병원으로 진료를 보러오는 수많은 지방 사람들을 중점으로 보여주었는데 기가 막혔다.

대구, 부산, 순천, 광주 등에 있는 병원에 비해 서울에 있는 대형병원은 무슨 비장의 무기라도 있는 것일까? 아니면 다른 병원에서는 쓰지 않는 신통한 약이나 치료법이 있는 것일까? "병원 때문이라도 서울에 살아야겠다"는 시민의 말을 듣고 말문이 막혔다. 실제로 통원을 위해 지방에서 올라와 근처 방을 얻어 사는 사람도 나왔다. 지방도 엄연히 대학병원들이 있는데 도대체 그 차이가 어디서 오는 건지 나로선 알 수 없었다. 이러면 방법이 없다. 서울도 그렇지만 현재 지방에는 소아과 지원 의사가 없어 골머리를 앓고 있다. 이는 2023년 8월 18일 〈KBS 추적 60분, 의사소멸, 소아과 붕괴가 온다〉에서도 방영된 바 있다. 이는 소아과 문제만이 아니다. 지방병원에서는 의사모집을 하는데 연봉을 4~5억을 준다 해도 지원조차 않는다. 충북의 한 병원에서는 10억을 제시했는데도 구하지 못하고 있다고 한다. 2023년 10월 3일 뉴스 데스크에서도 의사가 없어 공공의료기관 44곳이 휴진 중이라고 했다.

이런 예가 단지 의사일 뿐일까. 그래도 공무원은 이동하기 쉽다. 고정된 근무처가 있으면 싫더라도 어쩔 수 없이 가긴 한다. 그렇게 기관을 옮겨 사람을 강제로 지방으로 보내는 것도 한 방법일 수는 있다. 결국 사람은 직장 따라 움직일 가능성이 크기 때문이다. 하지만 지방의 인프라가 없다면, 그리고 방송에 나온 것처럼 아이 키우기 적합하지 않다면 지방에는 희망이 없다.

결국 모든 게 다 무너져 내린 다음에 깨닫게 된다. 서울이라고 다른 거 없다. 앞으로 노인 대국에 애들은 점점 적어질 것이다. 다 아는 말이지만 저출산, 고령화, 인구감소는 세계 최고 수준이다. 부동산으로 돈 벌겠다는 생각을 하지 않는 날이 머지않았다. 부동산 거품이 걷히면 타격수준이 아니라 그냥 다 죽는 수준이다. 전문가들은 일본식 부동산 거품은 없다지만 그 정도는 아니더라도 집값이 조금만 하락해도 패닉 상태가 되어버린다.

실제로 불과 몇 년 전만 해도 그랬다. 집값 하락으로 인해 집주인이 전세금을 돌려주지 못해 월세형식으로 세입자에게 돈을 준다든지, 세입자에게 보증금을 돌려주기 위해 돈을 마련해야 한다든지. 집 사는 사람은 자신의 모든 것을 쏟아붓는 일이다. 가지고 있는 돈에 대출까지. 언젠가는 서울에도 빈집이 늘어날 것이다. 서울 아파트는 마치 철옹성처럼 끄떡없을 것 같지만 이것은 서울이 안고 있는 미래의 시한폭탄이다. 달리 말하면 한국 사회의 시한폭탄이기도 하다.

돈 있는 사람들은 다 서울에 있다지만 가난한 사람들 또한 다 서울에 몰려있는 듯하다. 돈 벌자고 서울에 와도 서울의 주거비와 생활비용을 따지면 서울에서 돈 벌어봐야 이익인지 잘

좋은 삶은 좋은 제도 속에 있다

모르겠다. 그래도 기회가 많다며 서울로 올라오는 길 막을 수는 없다. 방송에도 나왔지만 하루 매출이 몇백만 원이고 주말에는 5~600백만 원 정도 버는 사장에겐 하루 3~4시간을 자더라도 그의 말대로 "강남은 꿈의 동네"일 것이다. 하지만 반대편에 있는 다른 사장은 장사가 안되어 사업을 접는다. 이 사람에게도 강남이 꿈의 동네일까? 강남이 꿈의 동네가 되려면 이렇게 쫄딱 망하고도 다시 일어서서 재기하고 성공이 가능해야만 성립될 것이다. 이는 강남에 한정되지 않는다. 좋은 사회가 되려면 실패를 용인할 수 있어야 하고, 그 실패로 인해 나락으로 떨어지지 않아야 한다. 우리 사회는 한 번의 실패가 삶의 치명적이 된다. 그저 잘 나가기 때문에 꿈의 동네라는 건 착시현상일 뿐이다.

잘 나갈 때가 아니라 잘되지 않을 때가 중요하다. 강남이 그걸 포용할 수 있나? 조금만 안되어도 임대료 때문에 무너질 것이다. 이는 강남 아니라 서울 어디에도 다 해당되는 말이다. 대구에 일거리가 많이 없어 자신이 타던 오토바이를 그대로 타고 서울로 올라와 배달일을 하고 있는 청년은 "강남은 일거리도 많고 단가도 세다"라고 말했지만 서울에 살기 위해 소비되는 비용과 부담은 대구와는 다를 것이다. 어쨌건 서울은 물가도 그렇지만 주거비가 가장 큰 부담이기 때문이다.

조금 전 말했듯 부동산 거품이 꺼지면 모두가 죽는다. 그렇다고 이 시스템을 그대로 가져갈 수는 없다. 지금의 시대에 부자가 되는 길은 결국 부동산에 투자하는 것밖에 없다는 잔혹한 사실

5부. 자본은 인간은 어떻게 길들였나

은 한국인에게 DNA처럼 각인되어 있다.

김윤태 고려대 교수는 《어쩌다 대한민국은 불평등공화국이 되었나?》에서 이렇게 썼다.

"정치 지도자라면 20대의 절망과 눈물의 원인이 무엇인지 분명하게 말해야 한다. 취업 무한 경쟁, 저임금 비정규직 증가, 부동산 폭등에 대한 설득력 있는 해법을 제시해야 한다. 청년세대가 주식, 코인, 부동산에 큰 관심을 갖는 이유는 세습 사회에서 혼자 힘으로 인생을 바꾸려는 시도로 보아야 한다."

패닉이 되던, 죽던, 한번 갈아 엎어졌으면 좋겠다면 너무 잔인한가? 모두가 패닉에 빠지는 것을 보고 싶진 않지만 지금의 모습도 꼴 보기 싫다. 그야말로 하드코어다.

＊ 경제성장은 누구를
위한 것인가?

고도 경제성장 사회에서 우리의 생활 수준은 매년
향상되었다. 자기 자신이 무엇을 바라는지,
자신의 인생이란 무엇인지, 딱히 생각해 보지 않아도
'다른 사람과 똑같은' 욕구를 가지고 '모두가 지향하는'
길을 걸어가기만 하면 충분히 보상받을 수 있었다…
고도 경제성장 시대에는 스스로 '살아가는 의미'를 깊이
추구하지 않아도 일단은 행복할 수 있었다…
지금까지 우리는 기성복처럼 만들어진 살아가는 의미를
주어지는 대로 받아서 살았다. 그러나 앞으로는 다르다.
한 사람 한 사람이 살아가는 의미를 구축해야 하는 시대가

267

된 것이다. 살아가는 의미의 주문생산 시대가 왔다.

– 우에다 노리유키 《살아가는 의미》

    앞서 '자본주의'에 관해서도 비슷한 말을 했지만 '경제성장' 역시 비슷한 관점에서 이야기할 수 있다. 우리는 경제성장에 대해서도 살아오면서 단 한번도 의심을 해 본 적이 없다. 당연하다. 성장은 좋은 것이고, 성장은 나라를 부강하게 하고, 우리의 삶을 더욱 윤택하게 하고, 의미 있게 만들어 준다고 생각해 왔다. 누가 성장을 마다하겠는가? 누가 성장을 나쁘다 하겠는가? 역사적으로 봐도 한국경제는 늘 성장에 관심이 집중되었다. 정권이 바뀌고, 새 정부가 출범해도 경제성장은 늘 달성해야 할 하나의 목표였다. 재벌은 말할 것도 없고 권력을 가진 정치권, 학계와 언론계도 경제성장에 대해 아무런 반론을 제기하지 않았다. 경제성장이 나쁘다는 것이 아니다. 문제는 그 성장이 누구를 위한 것이냐는 거다.

    경제성장의 목적이 무엇인가? 경제성장은 왜 하는 것이며 성장이 가져다주는 효과는 무엇인가? 당연한 말이지만 경제성장은 국민을 위한 것이다. 성장으로 인해 국민들이 질 좋은 삶을 살고, 더 좋은 미래를 지향하도록 한다. 국가의 성장은 국민의 성장으로 이어지며 이는 국민의 행복도와도 직결된 문제이다. 한마디로 잘살자는 것이다. 경제성장이 문제가 되는 점이 이것이다. 80년대까지만 해도 경제성장의 과실이 국민 대다수에게

좋은 삶은 좋은 제도 속에 있다

골고루 분배가 되었다. 지금 생각하면 놀랄 일이기도 하다. 대기업과 중소기업과의 격차도 크지 않았다. 중소기업의 임금이 대기업 임금의 90% 이상이었다. 요즘 MZ세대들이 들으면 놀라 자빠질 이야기다.

경제성장은 곧 국가가 부강해지는 것이며, 국민의 성장과도 같았다. 그리고 우리는 경제성장으로 부를 축적하고 선진국 대열에 합류했다. 그리고 국민의 삶의 질도 윤택해졌다. 우리가 경제성장에 목을 매는 이유도 이런 과거의 영광 때문이지 않을까. 경제성장으로 인해 우리나라는 세계에서 가장 빨리 선진국을 이뤄냈고 국민의 삶도 빠르게 향상되었다. 하지만 경제가 성장하면 국가는 물론 나의 삶도 좋아진다는 믿음은 마치 하나의 신화처럼 사람들에게 인식되고 있는 것은 아닐까?

90년대 들어 외환위기를 거치면서 부익부 빈익빈이 극심해졌다. 가진 자는 더욱 풍성하게, 빈자는 더욱 가난하게. 성장의 과실은 가진 자들에게 다 돌아갔다. 그리고 보통의 삶을 사는 대다수의 사람들의 삶은 더욱 나빠졌다. 이는 세계적인 추세이지만 선진국에선 더하다. 수십 년 동안의 경제성장 결과, 대기업은 더욱 부자가 되고 중소기업은 더욱 힘들어지고, 대부분의 국민들도 성장의 혜택을 보지 못했다. 이는 경제가 성장하면 할수록 그 격차는 좁아지기는커녕 더욱 벌어졌고 그 성장의 결실은 고소득층을 포함 기업들이 가져갔다. 이런데도 우리는 성장에 대해 전혀, 한 번도 진지하게 생각해 본 적이 없다. 경제성장을 마치 만병통치약으로 생각하고, 분배를 주장하면 독재 사회주의

269

적 사고라는 식으로 몰아가고, 심지어 성장을 위해서는 불평등도, 기타 희생도 감수해야 한다거나 성장을 위해선 다른 어떤 것들을 희생해도 정당하다는 식의 논리가 팽배해 있다. 성장 앞에선 마치 모든 사람들이 집단마비라도 온 것처럼 다른 생각을 할 수 없게, 혹은 하지 않게 되는 것일까.

성장이 불평등을 야기한다면 성장을 재고해야 한다. 성장 이야기를 할 때 빼놓을 수 없는 것이 이른바 '낙수효과'이다. 이 낙수 효과론은 너무나도 유명하고 강력하다. 하지만 낙수효과가 수명을 다했다는 사실은 이미 서구 선진국에서 오래전 입증되었다. 심지어 미국의 주류보수들조차도 인정한 내용이다. 하지만 한국에서는 여전히 낙수효과에 대한 믿음이 곳곳에 존재한다. 특히 보수정치인들에게 그렇다. 대기업이 성장하면 중소기업을 포함 국민들 모두의 삶이 좋아진다는 것이다. 쉽게 말해 성장의 결실이 맨 아래쪽으로도 골고루 돌아간다는 말이다. 정말 말문이 막히고 분통이 터진다. 그들은 이 땅에 사는 사람들이 아닌가? 아니면 알고도 부정하고 싶은건가? 오직 '성장제일주의' 만이 국가가 나아갈 길이란 걸까?
이제는 이런 시스템에서 벗어나야 한다. 한때 우리의 목적이었던, 국가가 성장하고 우리의 삶이 좋아지던 그 시절에 대한 향수를 버려야 한다. 그러려면 삶의 풍요를 위한 성장이 아닌 성장을 위한 성장, 보여주기식의 성장, 대외적 지표로서의 성장에 대한 미련과 그런 고정관념을 과감히 버려야 한다.

좋은 삶은 좋은 제도 속에 있다

앞서 언급한 우에다 노리유키는 《살아가는 의미》에서 이렇게 말한다. "성장률이 아니라 어떤 사회를 만들고 어떻게 생활의 내실을 풍요롭게 만들어가느냐가 핵심이어야 한다. 경제성장은 하나의 요인일 뿐, 결코 그 이상의 의미를 가질 수 없다. 경제활동의 '내용'이 중요한 것이다… 사회적 관점에서 어떻게 분배하면 좋을지 생각하지 않고, 1년 후에 거기서 몇 퍼센트가 더 늘어나는지가 중요하다는 발상에 사로잡혀 있는 한 성장 의존의 '병'에서 벗어날 수 없다."

정말 옳은 말이다. 삶은 시궁창인데 경제성장이 몇% 오른들 그게 무슨 소용인가? GDP가 올라 세계순위에서 영국이든 독일이든 앞질러본들 무슨 소용인가? 경제성장도 GDP도 국민의 삶이 좋아지지 않는다면 아무 의미 없다. 그저 대외지표로서의 숫자일 뿐이다. 장하성 전 교수는 낙수효과에 대해 이렇게 설명했다.

"어느 나라에서도 공급 측면의 경제학이 주장하는 낙수효과가 실현되었다는 뚜렷한 증거가 없다. 기업이 성장하면 노동자의 소득도 늘 것이라는 연결고리를 당연시했지만 현실에서는 기업만 배 불리고 말았다. 경제가 성장하는 동안에 기업소득과 기업저축은 늘어났지만 가계소득은 늘지 않았고 가계저축도 줄어든 결과는 기업의 존재 이유인 국민이 잘살기 위한 것과는 배치되는 것이다. 빈곤으로 고통받는 다수가 자신들에게 고통을 안겨주는 경제체제를 거부하는 것은 정당한 권리이다."

271

이뿐만 아니라 삼성이 망하면 나라가 망하는 것처럼 이야기하고, 총수가 구속되면 기업이 일할 수 없는 것처럼 이야기한다. 기업가들이야 그렇다 하더라도 국회의원들이 더 난리다. 여기서 다시 행복론을 잠깐 이야기하자면 실제로 한 나라의 부는 국민의 행복도와 아무런 관계가 없다. 여기서 오해하지 말아야 할 것은 부자나라일수록 국민의 행복도가 높은 건 사실이다. 앞서 '험난한 행복의 길'에서도 언급했지만 가난한 나라에서의 부의 상승은 국민들의 행복을 빠르게 상승시킨다. 하지만 부자나라에서의 부의 상승은 크게 효과가 없다. 이는 수많은 연구결과가 입증한다.

만약 국가의 부가 국민들의 행복을 결정한다면 GDP 순서대로 행복 순위가 정해질 것이다. 정말 행복한 국가는 경제성장이 아니라 복지가 탄탄한 나라이다. 북유럽만 봐도 잘 알 수 있다.

성장의 과실이 골고루 간다면 성장이 문제 될 리 없겠지만 자본주의 시스템 안에서 분배가 제대로 이루어질지 의문이다. 경제학의 아버지라 불리는 애덤 스미스는 "한 사람의 부자가 있기 위해서는 500명의 가난뱅이가 있어야 한다"는 유명한 말을 남겼다. 이는 자본주의의 구조적 한계를 지적한 말이다. 애덤 스미스가 17세기 사람이니 오늘날에는 500명이 아니라 500만 명 정도 되지 않을까. 이상하지 않은가? 왜 자본주의는 발전할수록 점점 가난과 빈곤만 양산할까?

2014년 옥스팜은 놀라운 통계를 표제로 제시했다. 전 세계

좋은 삶은 좋은 제도 속에 있다

상위부자 85명이 대략 35억명에 달하는 인류의 하위 절반보다 더 많은 부를 소유하고 있다는 것이었다. 옥스팜은 놀라운 통계라고 말했지만 사실 놀라운 통계는 아니다. 그 전에 그런 통계가 있었는지는 모르겠지만 몇 명의 부자가 수십억 명의 사람보다 더 많은 부를 소유하고 있다는 뉴스는 형태만 바꿔서 계속 기사가 생산되었다.

자본주의의 최대 약점은 분배에 있다. 어디서 봤던가. 구소련은 분배에 성공하고 축적에 실패하였고, 미국은 축적에 성공하고 분배에 실패했다고. 앞서 불평등을 이야기할 때도 언급했지만 분단국가인 우리나라에서 분배를 말하기는 쉬운 일이 아니다. 성장우선주의를 몸에 익히고 살아온 기성세대들에게 분배를 이야기하면 어떤 사람들은 사회주의나 심지어는 빨갱이 이야기까지 한다. 그런 사람들을 설득하기란 쉽지 않다. 오직 경제성장만이 국가가 부강해지는 길이고, 국민들이 잘살게 된다는 믿음뿐이다. 그토록 맹신하던 경제성장이 보여준 지난 수십 년의 결과가 어떠했는가? 경제성장은 더 정확히 말하면 국민들의 삶과는 거의 관계가 없다.

영국 경제학자로 유명한 런던대 장하준 교수는 얼마 전 신간 《장하준의 경제학 레시피》의 홍보를 위해 경향신문과 인터뷰를 했다. 그는 "밖에서는 굉장히 멋있고 잘사는 나라, 인기 있는 나라라고 보는데 정작 그 안에 사는 사람들은 왜 불행한가?"라며 이 질문에 생각해 봐야 한다고 했다. 그러면서 그는 "경제의 목표는 무엇보다 국민들을 행복하게 살게 하는 것이 돼야 하고 경제성장률이 얼마나 늘었느냐 하는 것보다는 국민들이 행복하고 의미 있게 사는가 하는 것"이 중요하다고 했다.

앞서 GDP 얘기를 잠깐 했지만 GDP 신봉자들이 얼마나 많은가. 사실 GDP는 허점이 많은 지표이다. 1968년 로버트 케네디 의원은 GDP가 "삶을 가치 있게 만들어 주는 모든 것들을 제외한 것을 측정한다"고 비판했다. 이완배 기자가 쓴 《경제의 속살 3: 불평등》에서는 GDP에 대해 이렇게 말했다.

"사실 GDP는 민중들의 삶이 불편해질수록 높아지는 경향마저 있다. 왜냐고? 출퇴근 거리가 멀어질수록 교통비가 늘어나기 때문이다. 늘어난 교통비는 모두 GDP에 잡힌다. 국민들의 건강이 악화돼도 병원과 제약회사 매출이 늘어 GDP가 좋아진다. 감기에 걸리면 감기약 매출이 GDP를 높이고, 우울증 환자가 늘어나면 우울증 치료제 매출이 또 GDP를 높인다. 한국경제의 발목을 잡고 있는 가계부채도 GDP를 높이는 데 일조한다. 2018년 은행권이 사상 최대의 이자수익을 거둔 바 있는데, 이 수익도 모두 GDP에 잡혔다."

박진도 국민총행복전환포럼 이사장도 《GDP 너머 국민총행복》에서 다음과 같이 말했다.

"우리가 보통 한 국가의 성공을 측정하는 척도로 GDP를 활

좋은 삶은 좋은 제도 속에 있다

용한다. 그런데 GDP는 실제 우리 삶이 얼마나 풍요롭고 행복한지 보여주지 못한다. GDP는 시장에서 거래되는 것만 측정할 뿐, 그것이 우리의 삶에 실제로 도움이 되는지 여부는 따지지 않기 때문이다. 다시 말해 GDP는 가치가 없는 것이라 해도, 심지어 우리를 불행하게 하는 것이라도 시장에서 거래되는 모든 것을 계산한다. 반면 아무리 우리 삶에 가치 있는 것이라 해도 시장에서 거래되지 않는 것은 GDP에 포함되지 않는다. GDP는 경제성장의 지표로서도 불완전할 뿐 아니라 행복을 측정할 수 있는 지표는 더더욱 아니다."

이렇듯 GDP는 국가의 부를 측정하는 지표지만 정작 그 안에 살고 있는 사람들의 삶의 질에 대해선 전혀 고려되지 않은 지표다. 학자들이 흔히 말하는 행복한 삶과는 전혀 관계가 없다는 것이다. 문제는 경제성장의 지표로서도 문제가 많다는 것이다. 국가의 부를 이야기할 때 GDP가 아직도 유효하게 사용되고 있지만 잘 알고 있는 학자들은 그냥 참고로서 볼 뿐이다.

아직도 GDP가 증가하면 모든 것이 좋아진다고 생각하는 기성세대들이 많다. 고도성장을 겪어오면서 나라의 발전과 개인의 발전을 경험한 이로서는 '경제성장'이라는 카드를 버릴 수 없을지도 모른다. 하지만 경제성장만을 고집하다가는 그 안에 살고 있는 사람들의 진짜 삶을 버릴 수가 있다. 그것만은 분명하다. 그래서 새 정권이 들어설 때나 대통령 선거 때 후보들이 경제성장 몇 퍼센트를 목표로 하는 것을 보면 좀 의심스럽다. 더 중요한 것은 경제가 성장하더라도 불평등을 만들어낸다거나, 혹은 해결하지 못한다면 성장은 아무 의미가 없다는 것이다.

빈부의 격차는 경제성장으로 해결되는 것이 아니라 사회정책으로 해결해야 한다. 그리고 경제성장 없이도 개인의 삶의 질이 나빠지지 않고, 정상적인 삶을, 인간적인 삶을 누릴 수 있는 사회를 만들어야 한다. 그게 국가의 할 일이다. 경제가 성장하지 않는다면 국민의 삶이 나빠져도 정당화된다는 말인가? 아닐 것이다. 성장은 끝없는 성장만 불러올 뿐이다. 성장에 완성형은 없다. 그것은 인간의 탐욕과 비슷하다. 그리고 그것이 자본주의의 시스템이기도 하다.

저명한 경제학자 케네스 볼딩은 '경제성장이 계속될 거라 믿는 자는 미치광이거나 경제학자'라고 비판했다. 박진도 국민총행복전환포럼 이사장은 "우리 사회가 심각한 성장중독에서 벗어나기는 쉽지 않을 것으로 본다. 경제성장으로는 행복할 수 없다는 것을 알면서도 여전히 성장에 올인하고 있기 때문이다"라고 했다. 영국의 유력일간지 '가디언'은 2020년 6월 28일자 다음과 같은 기사를 실었다.

"영국인들이 원하는 변화의 방향은 경제성장보다 건강과 웰빙을 더 중요하게 여기는 정부"라는 설문조사 결과를 실었다. 자본주의의 본고장에서조차 이런 설문이 나왔는데 왜 우리나라는 여전히 성장에 집착하고 물욕에 빠지는가.

무엇을 위한 경제성장인지, 경제성장은 누구를 위한 것인지,

좋은 삶은 좋은 제도 속에 있다

그런 인식과 사삭이 없으면 우리는 우리 삶은 그대로인 채, 혹은 힘들어지기만 할 뿐 평생 성장만 외치다 끝날 것이다. 그리고 그러한 혜택과 이익은 고스란히 가진 자들의 배만 더 불릴 것이다.

나오는 글

영국의 시인이자 평론가인 새뮤얼 존슨은 "책 한 권을 쓰려면 서재의 반은 뒤집어야 한다"라고 말했다. 난 책을 쓰면서 이말을 증명이라도 하듯 많은 책을 살펴보고 뒤져봤다. 모든 독서가 그러하듯이 읽고 나면 사실 기억에 남는 것은 몇 줄 정도이다. 독서의 괴로움, 또는 힘든 점이 바로 그런 것이다. 그래서 모든 전문가들이 일괄적으로 하는 말이, 메모의 중요성이다. 거기다가 책에 밑줄은 기본이다.

글을 쓰면서 내 주장을 강조하다 보니 '많은 인용을 하는 것이 아닌가'하는 걱정이 제일 컸다. 하지만 강준만 교수 같은 분은 책을 쓸 때 엄청난 인용이 들어간다. 꼭 특정 작가를 들지 않더라도 글이라는 것은 다 그렇다. 누구의 책도 마찬가지이다. 내가 쓴 글에도 많은 인용이 들어갔지만 그 인용들조차도 누군가의 글을 인용한 사례가 많다.

2021년 4월 13일 자양한강도서관 주최로 온라인으로 진행된 '강원국의 글쓰기 특강'은 매우 유익했다. 강원국은 노무현 정부 시절 연설비서관으로 근무했고 이후 여러 권의 글쓰기 책이 베스트셀러에 오르기도 했다. 강의 내용이 다 끝나고 질문시간에 내가 이런 질문을 했다.

  　"남의 글이나 지식을 자신의 것으로 만드는 방법이 있을까요? 남의 글을 그대로 가져오는 것이 아니라 자신의 생각으로 바꾸는 작업, 그게 정말 힘든 거 같아요."

  　부끄럽지만 이 질문은 굉장히 좋은 질문이었다고 생각한다. 아마도 다른 사람들이 보았어도 분명 도움이 되었을 거라 생각했다. 강원국 작가는 이렇게 답했다.

  　"결국은 모방이다. 결합이고 융합, 변형이다. 문장의 틀은 빌려오고, 내용을 바꾸고⋯."

  　강원국 작가의 말은 내가 생각하는 것과 같았다. 그 뒤에도 나는 도서관에서 주최하는 작가들이 하는 온라인 강의를 꾸준히 들었는데 남의 말만 듣고, 쓴 글만 읽고 사는 것, 또는 강의하는 사람만 하고, 듣는 사람만 듣고⋯ 왜 계층이 나누어 지나는 말들이 있었다. 이는 '들어가는 말'에서도 언급이 되었지만 글 쓰고, 읽는 사람이 이제는 따로 정해져 있지 않다는 말이다.

  　책을 쓰다 보니, 특히 퇴고하는 과정에서 느낀 것인데 태어나서 이렇게 공을 들여서 뭔가를 해 보려고 한 건 처음인 것 같다.

　　　　　　　　　　좋은 삶은 좋은 제도 속에 있다

네 작품이고 일생에 어쩌면 다시 없을지도 모를 일이다.

누군가 말했던가. 책도 그렇지만 영화도 만들고 나면 다 내 자식 같다고. 톰 크루즈도 초기작은 자신이 보기에 어색할 영화들이 많을 텐데 다 자식 같다고 했다. 다 자식 같아서 작품 중 최고를 하나 꼽을 수는 없다고 했다. 나도 정말 이 책이 자식 같다. 그동안 많은 시간을 들여 공들이고 노력하여 만든 이 책이 읽는 사람들에게 좋은 영향을 주었으면 하는 바람이다.

《책 쓰는 토요일》의 저자 이임복은 "책을 쓰면서 정리되고 바뀌는 건 다른 게 아니라 바로 나 자신"이라고 했다. 글을 쓰면서 나조차도 실천하기 쉽지 않을 텐데 이런 글을 독자들에게 함부로 "해야 한다"라고 말할 수 있을까 고민을 했다. 그런 의미에서 타인에게 전하는 행복론 같은 이야기는 조금 부끄럽기도 하다. 나 자신도 행복하다고 쉽게 말하기 힘든데 타인에게 함부로 권해도 되는 건가 많은 고민을 했다.

오래전 행복 전도사로 유명했고, 아침 방송에도 굉장히 많이 나오던 최윤희 선생이 자살을 했다는 소식이 세간에 화제가 되었다. 나는 "남들에게는 행복 전도사 역할을 하면서 정작 자신은 불행했단 말인가"라는 의문을 품었다. 마치 부부 상담을 해주는 정신과 의사가 정작 본인은 이혼한 상태라면 그 의사의 말을 신용할 수 있을까? 반대로 개인의 사생활과는 관계없이 훌륭한 처방이 가능하다면 문제가 없는 것일까? 자신이 행복하지 않아도 행복에 관한 탁월한 시선과 철학, 가치관이 있다면 사람들에게 전달하는 데 문제가 없는 것일까? 그리고 행복 관련 서적을 낸 그 수많은 저자들은 모두 다 행복할까? 그렇지 않을 것이다. 행복의 객관적인 조건을 붙였지만 가장 중요한 건 균형이다. 그 객관적 조건 중에 하나만 균형을 잃어도 행복은 무너지기 쉽다. 나중에 안 사실이지만 최윤희 선생이 건강문제로 자살을 했다는 기사를 읽었다. 최윤희 선생은 모든 게 좋았지만 건강 때문에 무너진 것이다. 이는 균형의 좋은 본보기가 될 듯하다. 이렇듯 그 객관적 조건들의 균형을 잘 잡는 것이 얼마나 힘든 일인가. 그래서 모두가 행복을 말하지만 정말 행복한 사람은 거의 없다. 힘들기도 하지만 어렵기 때문이다.

나의 경험을 통해 '세상이 이렇게 바뀌었으면' 하는 생각, 그리고 나의 글을 통해 개인의 만족, 개인의 행복을 생각하기 전에 우리 사회가 어떤 상태인가? 우리 사회가 개인에게, 국민에게 어떤 만족을 주는 나라인지 생각해 봤으면 하는 마음이다.

다시 말하지만 나 역시 평범한 보통 사람이다. 이 책을 통해 바뀌고 노력해야 할 사람은 나 자신이다. 이 책은 우리의 삶이 사회의 구조적인 것들에 영향을 많이 받는다는 것을 강조했다. 그러다 보니 '너무 환경 탓만 하는 게 아닐까?'라는 걱정도 든다. 반대로 '무언가를 이루려는 의지나 노력, 목표나 희망, 꿈 같은 것들을 너무 무시하는 것은 아닐까?'하는 우려도 크다. 한쪽을 강조하다 보면 반대쪽이 소홀해지는 경향이 있는데 이는 반대쪽에 대한 거부가 아니다. 남 탓, 환경 탓만 하고 사는 사람들

좋은 삶은 좋은 제도 속에 있다

에센 이 책이 어쩌면 도움이 안 될 수도 있다. 어디서 본 글인지 출처를 정확히 알 수 없으나 아마도 대학생 주간지 《대학내일》에서 본 글일 것이다. 거기에 이런 글이 있다.

"열심히 살 필요 없다는 말로 상대의 노력을 폄훼하는 이들이 알아야 할, 냉정하고 차가운 사실이 하나 있다. 그러한 류의 위로는 '꿈과 목표를 갖고 열심히 노력하는 이들'의 부담을 덜어 주기 위한 것이지, '아무 꿈과 목표도 없이 하루하루 되는대로 살아가고 있는 사람'의 합리화 수단이 아니라는 것, 이런 말들을 무기로 쥐어 열심인 이들에게 휘두르다니… 열심히 살지 않아도 괜찮다는 글의 타깃은 어디까지나 '열심히 살고 있는 사람들'이다. 너무나도 열심인 탓에 일상의 행복을 들여다볼 여유조차 잃은 사람들. 스스로가 부여한 심리적 압박으로 어둡게 침잠하는 이들. 노력의 배신에 끔찍한 좌절감을 겪고 있는 이들. 이런 이들에게 너무 성취에 매달릴 필요는 없다는 위로, 소소한 행복에도 충분한 가치가 있다는 위로를 건네 중간을 찾도록 도와주는 말일뿐이다."

혹시라도 이 책이 한쪽으로 치우쳐 있다고 느끼는 독자들이 있다면 양해해 주길 바란다. 세상은 어느 한 가지 가치관만 가지고 살아갈 수 없다. 가치관은 자신의 삶의 방향에 따라 바뀔 수도 있고, 버릴 수도 있다. 그것은 마치 축구의 전술과도 비슷하다. 팀이 추구하는 전술이 상대방에게 통하지 않는다면 버려야 한다. 그리고 바꿔야 한다. 왜냐하면 이기기 위해서다. 우리의 삶도 마찬가지다. 자신이 추구하는 가치관이 삶을 살아가는 데 도움이 되지 않는다면 버려야 한다. 왜냐하면 그것이 자신에게 이득이기 때문이다. 살기 위해서인 것이다. 어느 누구의 인생도 마찬가지다.

마지막으로 작가이자 영문학자인 장영희 교수가 오래전 칼럼에 쓴 일부의 이야기이다. 2009년 56세의 나이로 일찍 돌아가셨는데 나는 그 후로 그녀의 글을 더 볼 수 없어 안타까웠다. 《내 생애 단 한 번》,《문학의 숲을 거닐다》와 같은 에세이는 아직도 마음속에 있다. 이 글은 돌아가시기 몇 년 전으로 기억한다. 당시에는 신문칼럼 중 좋은 글이 있으면 오려서 붙였는데 어느 신문사인지 잘 모르겠다. 아마도 중앙일보에 실린 글일 것이다.

"거센 폭풍우가 지나간 바닷가 아침이었다. 태양이 천천히 잿빛 구름을 뚫고 얼굴을 내밀기 시작했다. 한 남자가 해변을 걷고 있는데 열 살 정도의 소년 하나가 무엇인가를 미친 듯이 바다 쪽으로 던지고 있었다. 남자가 다가가 무엇을 하고 있느냐고 묻자 소년이 답했다. '이제 곧 해가 높이 뜨면 뜨거워지잖아요. 그럼 여기 있는 모든 불가사리가 태양열에 죽게 될 테니까 이 불가사리들을 바다 속으로…' 남자는 크게 웃음을 터뜨리며 소년을 보고 말했다. '애야, 이 해변을 봐라. 폭풍우로 밀려온 불가사

좋은 삶은 좋은 제도 속에 있다

리가 셀 수 없을 정도로 많은데 네가 하는 일이 무슨 소용이 있겠니?' 소년은 수긍이 가는 듯 잠시 생각에 잠기더니 다시 불가사리 하나를 집어 힘껏 바다를 향해 던졌다. 불가사리는 첨벙 소리와 함께 시원스럽게 물속으로 들어갔다. 소년은 미소를 지으며 남자에게 말했다. '적어도 저 불가사리에게는 소용이 있었지요…"

이 책을 시장에 내놓는 내 마음은 그 소년의 마음과 같다. 우리나라에서만 일 년에 신간이 6만 권 이상 나온다고 한다. 인기 작가조차 책 팔기 어려운 시대에 평범한 일반인이 책을 내는 건 어쩌면 한강물에 돌 던지는 격이라 할 수 있을 것이다. 나오기가 무섭게 사라질 것이라는 생각도 해 본다. "셀 수 없을 정도로 많은데 네가 하는 일이 무슨 소용이 있겠니?"라는 남자의 말이 비수처럼 가슴에 와 닿지만 소년이 던진 불가사리처럼 누군가에게 소용이 있었다면 난 그것으로 만족한다. 그리고 이렇게 말할 것이다.

"적어도 어느 한 독자에게는 소용이 있었겠지요"

285

publisher   instagram

＼좋은 ＼좋은
＼삶은 ＼제도 속에 있다

발행일 2024년 6월 4일

지은이 김용재

펴낸이 최대석 **펴낸곳** 행복우물 **출판등록** 307-2007-14호

등록일 2006년 10월 27일 **주소** 경기도 가평군 경반안로 115

전화 031-581-0491 **팩스** 031-581-0492

전자우편 book@happypress.co.kr

정가 17,000원 **ISBN** 979-11-91384-95-6